MARCO POLO

Leipzig

Reisen mit Insider Tipps

Diesen Reiseführer schrieb Evelyn ter Vehn.
Die Journalistin lebt seit 1993 in Leipzig.
Mitarbeit Bianca Kother.

www.marcopolo.de
Infos zu den beliebtesten Reisezielen im Internet, siehe auch Seite 94

SYMBOLE

MARCO POLO INSIDER-TIPPS: Von unseren Autorinnen für Sie entdeckt

MARCO POLO HIGHLIGHTS: Alles, was Sie in Leipzig kennen sollten

HIER HABEN SIE EINE SCHÖNE AUSSICHT

WO SIE JUNGE LEUTE TREFFEN

PREISKATEGORIEN

Hotels		Restaurants	
€€€	über 100 Euro	€€€	über 15 Euro
€€	75–100 Euro	€€	10–15 Euro
€	unter 75 Euro	€	unter 10 Euro

Die Preise gelten für zwei Personen im Doppelzimmer mit Frühstück pro Nacht.

Die Preise gelten für ein durchschnittliches Hauptgericht ohne Getränke.

KARTEN

[100 A1] Seitenzahlen und Koordinaten für den Cityatlas Leipzig

Übersichtskarte Leipzig mit Umland auf S.112/113

Liniennetzplan im hinteren Umschlag

Zu Ihrer Orientierung sind auch die Objekte mit Koordinaten versehen, die nicht im Cityatlas eingetragen sind.

GUT ZU WISSEN

INHALT

Die wichtigsten MARCO POLO Highlights

Sehenswürdigkeiten, Orte und Erlebnisse, die Sie nicht verpassen sollten

1 **Leipziger Buchmesse**
Geliebte Publikumsmesse für Leser und Bücherfreunde. Im März gilt: ganz »Leipzig liest« (Seite 16)

2 **Alte Börse**
Die »Schatzkiste« am Naschmarkt lädt – strahlend renoviert – zum Verweilen ein (Seite 19)

3 **Altes Rathaus**
Einer der schönsten Renaissancebauten Deutschlands und Heimat des Stadtmuseums (Seite 20)

4 **Hauptbahnhof**
Europas größter Kopfbahnhof – prächtig renoviert und mit einem Einkaufszentrum versehen (Seite 24)

5 **Mädlerpassage**
Leipzigs berühmteste Ladenpassage: Hier atmen Flaneure weltstädtisches Flair (Seite 25)

6 **Neue Messe**
Modern, repräsentativ, beeindruckend: das neue Messezentrum vor den Toren der Stadt (Seite 25)

7 **Völkerschlachtdenkmal**
100 Jahre nach Napoleons Debakel eingeweiht, bietet das monumentale Bauwerk heute einen tollen Blick über die Stadt (Seite 29)

Die weitläufige Anlage der Neuen Messe

Zeitgeschichtliches Forum Leipzig

8 Nikolaikirche
Seit dem deutsch-deutschen Wendeherbst 1989 als Keimzelle der friedlichen Revolution weltweit bekannt (Seite 29)

9 Thomaskirche
Deutschlands Kirche mit dem steilsten Dach, einem der besten Chöre und dem berühmtesten Kantor (Seite 31)

10 Museum der bildenden Künste
Auf dem Sachsenplatz steht das neue Bildermuseum, das den Sachsen schon jetzt lieb und teuer ist (Seite 42)

11 Zeitgeschichtliches Forum Leipzig
Hier ist jeder eingeladen, sich mit der bewegten Nachkriegsgeschichte auseinander zu setzen (Seite 45)

12 Auerbachs Keller
Faustische Atmosphäre in historischen Kellergewölben – das Essen spielt hier nur die Nebenrolle (Seite 50)

Riquethaus und Nikolaikirche

13 Seaside Park Hotel
Art déco, wohin das Auge schaut – übernachten und speisen mit Stil und Tradition (Seite 65)

14 Moritzbastei
Der Leipziger Szene- und Studententreff schlechthin: Party hinter Festungsmauern (Seite 76)

15 Gewandhaus
Egal, ob Klassik, Jazz oder Chanson – im Gewandhaus wird musikalischer Hochgenuss geboten (Seite 77)

★ *Die Highlights sind in der Karte auf dem hinteren Umschlag eingetragen*

Entdecken Sie Leipzig!

Die Stadt lebt einen charmanten Kulturcrash zwischen Aufschwung und Verfall

Die »Runde Ecke«, das ehemalige Hauptquartier der Staatssicherheit

Leipzig – das klingt nach Thomanern, Bach und Gewandhausorchester, nach Goethe, Schiller und Brockhaus. Oder eher nach Buch-, Automobil- und Computermesse? Vielleicht duftet es nach Kaffee, schmeckt süß nach Leipziger Lerche und spottet am Ende jeder Beschreibung. Auf gut Säggs'sch, versteht sich ... Denn die Leipzscher haben ein loses Mundwerk, ob sie mit »Wir sind das Volk« die deutsche Einheit herbeidemonstrieren oder den Bahnhof mit seinen glitzernden Ladenzeilen unter dem Bahnsteig als »Einkaufsparadies mit Gleisanschluss« verspotten. Kein Wunder, dass die Kabaretts der Stadt nahezu so berühmt wie die Messe sind. Und wenn Sie Lust auf einen kleinen Disput haben, fragen Sie die Leipziger, ob ihre Heimat nun eher Musik- oder Kultur-, Messe- oder Medienstadt ist. Um es vorwegzunehmen: Die quirlige Stadt in der Leipziger Tieflandsbucht, mit knapp 500 000 Einwohnern plus knapp 1 Mio. Übernachtungsgästen jährlich, samt Oper und Orchester von Weltruf sowie einem der modernsten Messegelände des Kontinents ist natürlich das alles. Und noch mehr, denn rund 35 000 Studenten an der Universität und den Fachhochschulen, an den Hochschulen für Grafik und Buchkunst, Theater und Musik sowie der ersten privaten Wirtschaftshochschule Deutschlands sorgen für lockere Lebensart und kreative Impulse. Sie werden es erleben: In Leipzig bewegt sich was. Das fängt bei den Baukränen an und hört bei den Skatern in der Fußgängerzone noch lange nicht auf.

Wer zum ersten Mal nach Leipzig kommt, wird staunen, wie grün der einstige DDR-Industriestandort ist. Zwar gibt es keine exotischen Stadtgärten mehr, wie der Kaufherr und Manufakturbesitzer Dietrich Apel sie im 18. Jh. schuf (das Restaurant Apels Garten in der Kolon-

Tradition trifft Moderne: Leibniz-Denkmal vor dem City-Hochhaus

Modern und großzügig präsentiert sich die Neue Messe

nadenstraße erinnert daran). Dafür zieht sich von Schkeuditz im Norden bis nach Markkleeberg im Süden 25 km Auenwald mitten durch die Großstadt. Vom Autolärm am Ring bis in die Wildheit dieses größten zusammenhängenden Auenwaldes Mitteleuropas ist es nur ein Katzensprung. In der City des knapp 300 km² großen Stadtgebiets ist alles, was man sehen will, auf weniger als einem Quadratkilometer vereint. Gleich beim ersten Bummel entfaltet Leipzig dadurch einen Charme, dem schon Theodor Fontane 1840 nicht widerstehen konnte: Einen »berauschenden Eindruck« machte die Stadt auf den Dichter, als er zu seinem Ausbildungsort ging: der Adler-Apotheke in der Hainstraße. In der Enge verdichten sich die Gegensätze. Leipzig, das ist auf Schritt und Tritt ein charmanter Kulturcrash. Wer es lieben lernen will, wird sich seine Übergänge und Zwischenräume erobern. Die gibt es ganz wörtlich in den vielen Leipziger Passagen. Der »Crash« ist an jeder Ecke zu sehen: zwischen den Plattenbauten am Brühl und, gleich gegenüber, dem barocken Romanushaus an der Ecke zur Katharinenstraße, zwischen Baustellenlärm und pittoresken Kaffeehäusern, bei einer Buckelfahrt in den Tatra-Straßenbahnen und dem Dahingleiten im Niederflurwagen.

» Die Stadt steuert zu neuen Ufern «

Mit Schubladendenken ist der ostdeutschen Metropole nicht beizukommen. Das Etikett »Buchstadt« ist mangels Verlagen bereits ebenso angegilbt wie das der Boomtown angesichts horrenden Büroleerstands. Die Arbeitslosenquote drückt die Stimmung: Jeder Fünfte sucht einen Job. Schließlich hat die Stadt mit der Wende eine schwere Hypothek aufgenommen. Ganze Industriezweige brachen weg. Damals wurde versucht, die Misere mit parteiübergreifender Konsenspolitik abzufedern. Heute gilt als Leipziger Modell, was der damalige Oberbürgermeister Hinrich Lehmann-Grube praktizierte: Entscheidungen sachlich zu fällen, nicht ideologisch. Profil zeigen ist für die Parteien unter diesen Bedingungen ein Problem. Der direkt gewählte Oberbürgermeister gehört der SPD an. Die Sozialdemokraten liegen aber in der Wählergunst mit der sozialistischen PDS gleichauf, und im Rat stellt die CDU die größte Fraktion. Die Streitlust wächst – doch wenn es um die Zukunft der Stadt geht, sind sich alle einig: Leipzig hat das Zeug, im Osten Deutschlands zu glänzen.

» Leipzig hat das Zeug zu glänzen «

Die Stadt setzt unbeirrbar auf Großprojekte: Der Flughafen Leipzig/Halle wird zum mitteldeutschen Drehkreuz ausgebaut, samt ICE-Anschluss und einer Kapazität von 4,5 Mio. Passagieren jährlich (noch sind es knapp die Hälfte). Die Neue Messe im Norden der Stadt gehört zu den modernsten des Kontinents. Das alte Zentralstadion wird zur überdachten Arena für 45 000 Zuschauer – reif für große Events und die Fußball-WM. Der Arbeiterstadtteil Plagwitz wandelte sich zum Vorzeigeviertel mit Lofts, Cafés und Radwegen am Kanal. Und in beachtlichen Kraftakten wurde die ehemalige Tagebaumondlandschaft im Süden der Stadt zu einem Freizeitareal umgestaltet. Statt Förderbrücken gibt es nun Badeseen mit Wassersportmöglichkeiten sowie dem Vergnügungspark Belantis.

Die Wissenschaft setzt mit der Uniklinik, einem Hightech-Herzzentrum und dem Biotechnologiezentrum »Bio City« Highlights. Sogar das produzierende Gewerbe kommt nach Leipzig zurück: Im Norden der Stadt produziert Porsche den Nobel-Geländewagen »Cayenne« und BMW die 3-er Reihe.

Findig waren die Sachsen schon immer. Egal, ob es um die Erfindung der Kaffeefiltertüte ging (Melitta Bentz, 1908) oder um die Verbriefung der Stadtrechte für Leipzig. Das genaue Datum lässt sich bis heute nicht aus den Mantelfalten der Geschichte schütteln: Irgendwann zwischen 1160 und 1165 muss der Wettiner Markgraf Otto von Meißen dem Marktflecken Leipzig das Stadtrecht verliehen haben. Den Stadtbrief brachte die Bür-

Am Markt die Sonne genießen

Neue Ufer

Bootspartie wie in den Zwanzigern

Immer auf dem Sprung zu neuen Ufern, erinnert sich Leipzig auch daran, eine Stadt am Wasser zu sein. Auf gut 1000 m schimmert die frei gelegte Pleiße – in den 1950er-Jahren als Kloake zubetoniert – bereits zwischen den Häuserzeilen der Innenstadt. Ziel ist es, das fast 4 km lange Gewässer zwischen Südstadt und Zoo wieder völlig ans Licht zu holen. Eine Lieblingsvision der Planer: ein Wasserstraßennetz von Pleiße, Elster und Karl-Heine-Kanal, das die Stadt mit dem 4,2 km² großen Tagebausee Cospuden im Süden verbindet. Bötchen fahren wie in den 1920ern, als die sächsische Mundartdichterin Lene Voigt schrieb: »Schaukle, meen Kahn uff dr Bleiße, schaukle un kippe nisch um!«

gerschaft Leipzigs allerdings selbst zu Pergament und machte so nach dem Tod des Markgrafen die Stadtgründung samt Marktprivileg ein für alle Mal rechtsgültig. Der »Gründungsstreit« gewann zu DDR-Zeiten noch einmal politische Brisanz. 1958 sprach die SED-Stadtleitung ein Machtwort, legte das Geburtsjahr Leipzigs auf 1165 fest und verschaffte sich so ein bisschen Luft zur Vorbereitung der 800-Jahr-Feier. Der Name Leipzig ist noch viel älter. Er geht auf die Sorben zurück, die im 7. Jh. am Zusammenfluss von Elster und Parthe siedelten. Dort fanden sie ihren heiligen Baum, die Linde, und schnell war Lipsk, der Ort bei den Linden, ein Begriff. Bald erwirtschafteten sich die Leipziger als clevere Kaufleute ihren Platz in der Geschichte. Im Schutz der deutschen Burg Libizi entfalteten Kaufleute und Handwerker vom 10. bis 12. Jh. ein reges Treiben. Welch Glück, dass dort die Via Regia, Hauptschlagader des Ost-West-Handels, vorbeiführte und bald die Nord-Süd-Tangente Via Imperii kreuzte. Da fehlte nur noch wenig, um Leipzig zum Nabel der Handelswelt zu machen. 1497 war es so weit: Kaiser Maximilian verlieh der Stadt das Messeprivileg, fortan brachten die Reisenden unter königlichem Schutz Wohlstand und Weltoffenheit in die Stadt. Von den mittelalterlichen Messmärkten in Holzbuden und Gewölben führt ein wechselhafter Weg durch Kriege, Völkerschlacht, Aufschwung und Wendezeiten zum Bau eines der modernsten Messezentren Europas. Noch älter ist die Tradition Leipzigs als Universitätsstadt. 1409 gegründet, ist die Uni die zweitälteste Deutschlands und zog schon bald bedeutende Gelehrte an: Christian Thomasius philosohierte hier, der Philologe Johann Christoph Gottsched war zu Goethes Zeiten Rektor. Wilhelm Wundt gründete 1879 das erste Institut für experimentelle Psychologie, und der Physiker Werner Hei-

»Wohlstand und Weltoffenheit«

senberg lehrte an der Uni. Leibniz, Lessing und Robert Schumann studierten in Leipzig, ebenso die Dichter Jean Paul, Schlegel und Novalis. Auch Karl May war da, wenn auch ohne studentische Ambitionen. 1865 mietete er sich über der Central-Apotheke ein, ließ sich einen Pelz bringen – und verschwand mit dem guten Stück. Doch der Spitzbube wurde gefasst und ins Arbeitshaus gesteckt. Ob diese Haft Karl Mays Phantasie Flügel verlieh, bleibt ungeklärt. Verbrieft ist dagegen die Verbindung mit einem Stück Weltliteratur, dem »Faust«: Als der 16-jährige Goethe 1765 nach Leipzig kam, war das ein Schritt aus den verwinkelten Gassen Frankfurts in die Großzügigkeit der sächsischen Messestadt. Goethe war beeindruckt und legte sich erstmal eine weltmännische Garderobe zu. Wenn er später im »Faust« die Studenten in Auerbachs Keller über die »wunderliche Weise« der Auswärtigen spotten lässt, und Frosch zu dem berühmten Satz anhebt »Mein Leipzig lob' ich mir! Es ist ein klein Paris, und bildet seine Leute«, dann steckt darin auch eine gute Portion Selbstironie. In diesem Sinne: Jetzt dürfen Sie nicht das Pflichtfoto versäumen: die Bronzefiguren von Faust, Mephisto und den Studenten an den Treppen zu Auerbachs Keller. Vielleicht bannt Sie ein freundlicher Leipziger mit auf den Film. Es soll vorkommen, dass aus solchen Begegnungen Freundschaften entstehen. Die wären dann mit einer kühlen Gose (einem Weißbier) und ein paar Fettbemmen (Schmalzbroten), zu besiegeln. Bei einem Schwätzchen über Leipzig und die Welt könnte man die Musikstadt Musikstadt sein lassen und die Buchstadt für einen Abend zu den Akten legen.

»Mein Leipzig lob' ich mir!«

Mädlerpassage: Faustische Figuren an den Abgängen zu Auerbachs Keller

J. Seb. Bach
ihr
töchter

Bach, schöne Autos und Filmhelden

Ob als Buch- oder Musikstadt, als Messestandort oder als Keimzelle der friedlichen Revolution – in Leipzig war und ist immer was los

Bach und die Thomaner

In Leipzig gibt es zwei Ikonen: den Thomanerchor und seinen berühmtesten Kantor Johann Sebastian Bach. Die Sängerknaben und der Maestro gehören zur Musikstadt wie der Notenschlüssel zur Partitur. Angefangen hat das Ganze im Augustiner Chorherrenstift des Markgrafen Dietrich von Meißen, 1212 im Thomaskloster gegründet. Als 500 Jahre später ein neuer Kantor gesucht wurde, war der Capellmeister Bach nur zweite Wahl. Doch Telemann, der Wunschkandidat, blieb lieber in Hamburg, und so kam Bach 1723 nach Leipzig. So innig wie man heute meinen könnte, war das Verhältnis zwischen Stadt und Thomaskantor jedoch nie. Häufig gab es Streit: um Disziplin, um Geld. Als Bach 1750 starb, wurde er an der Südmauer der Johanniskirche beigesetzt. Nach 1894 wurden seine sterblichen Überreste in einen Sarkophag in der Johanniskirche umgebettet und 1949 in die Thomaskirche überführt. Leipzig zelebriert die musikalische Tradition im April bzw. Mai mit dem Bachfest. Hinreißend sind die Thomaner-Aufführungen von Bachs Weihnachtsoratorium und das Weihnachtsliedersingen in der Thomaskirche. Gegen einen geringen Obolus kann man den Motetten und Kantaten in der Thomaskirche lauschen *(Fr 18, Sa 15 Uhr, nicht in den Schulferien und bei Konzertreisen)*.

Im Glasfenster der Thomaskirche verewigt: Johann Sebastian Bach

BMW und Porsche

Autos made in Saxony – das hat Tradition, seit August Horch 1904 seine Motorenwerke in Zwickau gründete. Später wurde dort der DDR-Trabi gefertigt. In Leipzigs Norden haben sich nun Porsche und BMW niedergelassen. Das hat Tausende Arbeitsplätze in der Region geschaffen und den Ruf Leipzigs als Autostadt begründet. Im Porsche-Werk, dessen Zentralgebäude wie ein Ufo in der Landschaft liegt, wird vorwiegend der Geländewagen Cayenne produziert. Auf dem rund 200 ha großen Firmengelände gibt's auch ein Kundenzentrum und eine Rennstrecke, auf der Porsche-Fahrer ihre Wagen testen können (Termine: *www.porsche-leipzig.de*). BMW lässt in einem futuristisch anmutenden Werk die 3er-Reihe bauen; 650 Fahrzeuge pro

Schriftkunst im Grafischen Viertel

Tag sind geplant. Verblüffend: Halbfertige Autos werden auf Bändern durch das Verwaltungsgebäude zur nächsten Fertigungsstation transportiert. Architektin Zaha Hadid konzipierte die Produktionsstätte. Werksführungen können über *www. bmw-werk-leipzig.de* gebucht werden.

Buch- und Literaturstadt

Der Reformator Martin Luther bescherte Leipzig mit seinen Thesen im 16. Jh. den ersten Boom in Sachen Buchdruck und Buchhandel. 1650 erschien in Leipzig die erste Tageszeitung der Welt, und 1825 wurde an der Pleiße der Börsenverein der Deutschen Buchhändler gegründet. Da hatte die Buchmesse in Leipzig ihre Konkurrentin Frankfurt/M. längst abgehängt. Bedeutende Verlage wie Baedeker, Reclam und Brockhaus, Insel und Seemann waren im Grafischen Viertel östlich der Innenstadt ansässig. Davon zeugen jetzt nur noch Straßennamen – das Viertel fiel 1943 in einer Bombennacht in Schutt und Asche. Heute leisten sich die großen Verlage allenfalls noch Dependancen in Leipzig. Ein Lichtblick: An der Stelle des alten Buchhändlerhauses steht das Haus des Buches (Prager Straße/Gerichtsweg), in dem sich Debütanten und Literaturstars die Ehre geben. Und sonst? Noch immer werden in Leipzig Studenten an der Hochschule für Grafik und Buchkunst ausgebildet. Das Deutsche Literaturinstitut bringt Talente wie Juli Zeh hervor, der Stadtspaziergang »Literarisches Leipzig« Insider Tipp legt die Spuren der Vergangenheit frei, und die Leipziger Buchmesse begeistert das Publikum mit dem Lesefest »Leipzig liest«. Ein Messehöhepunkt ist die Verleihung des »Preises der Leipziger Buchmesse«.

Film und Fernsehen

Wenn nachts Scheinwerfer den Park erleuchten und Sie im Lichtkegel Polizeiautos entdecken, dann wird wahrscheinlich mal wieder gedreht in Leipzig. Vielleicht ist das TV-Ermittler-Duo vom »Tatort« im Einsatz oder die SOKO Leipzig. Erich Kästners »Das fliegende Klassenzimmer« wurde im Internat der Thomaner neu verfilmt, und die Ärzte der Serie »In aller Freundschaft« praktizieren in der Sachsenklinik. Saxonia media produziert die Serie in der *media city leipzig*, einem modernen Medienzentrum. Der Mitteldeutsche Rundfunk (MDR) installierte seine Sendezentrale auf dem Gelände des Alten Schlachthofs in der Kantstraße. Das neue MDR-Fernsehzentrum erhebt sich in Form einer Mattscheibe über die Backsteinbauten. Für die Talkshow »Riverboat« baute der Sender ein »Schiff« quer über den Karl-Heine-Kanal in Plagwitz (Erich-Zeigner-Allee). Das *Riverboat* ist auch eine stimmungsvolle Location für Kulturveranstaltungen *(Tel. 492 95 17)*.

Insider Tipp

Kabarett

Studenten waren es, die 1966 die »academixer« gründeten. Zuerst zogen die Ensemblemitglieder als Laien die Pointenpfeile aus dem Köcher, Mitte der 1970er-Jahre avancierten sie zum Berufskabarett. Mangelwirtschaft, Honecker und den real existierende Sozialismus nahmen sie aufs Korn, stets bis an die Schmerzgrenze der Partei. So hielt es auch »Die Pfeffermühle«, die 1954 die erste Vorstellung gab. Die Wortgewalt beider Bühnen strahlte in den Westen aus, das garantierte Freiheiten.

Messe

Im Norden der Stadt entstand in den 1990er-Jahren eines der modernsten Messegelände des Kontinents. Charakteristisch ist die halbrunde Tunnelröhre aus Glas und Stahl. Volkwin Margs Konstruktion ist gigantisch und filigran zugleich. In nur drei Jahren wurde die Neue Messe aus dem Boden gestampft, ein 1,3-Mrd.-Mark-Projekt. Rund 40 Messen locken jährlich mehr als 1 Mio. Besucher. Höhepunkte sind die *Automobil International*, die *Leipziger Buchmesee* und *Games Convention*, die Computerspiel- und Edutainmentmesse.

Montagsdemonstrationen

Als die Montagsdemonstrationen ins Bewusstsein der Öffentlichkeit traten, hatten die wöchentlichen Friedensgebete in der Leipziger Nikolaikirche schon eine lange Tradition. Das berühmte Schild »Offen für alle« steht heute noch vor dem Portal. Die Demonstrationszüge über den Innenstadtring erreichten einen ersten Höhepunkt mit den Rufen »Wir sind das Volk« und mündeten wenige Monate später in den Slogan »Wir sind ein Volk«. Um die 100 000 Menschen zogen in den Hoch-Zeiten der friedlichen Revolution durch die Stadt. Der Leipziger Autor Erich Loest schilderte diese Zeit eindrucksvoll in seinem Roman »Nikolaikirche«, der auch fürs Fernsehen verfilmt wurde.

Sportstadt

Olympiasieger wie Schwimmerin Kristin Otto, Radler Jens Lehmann oder Kanutin Anett Schuck stehen für Leipzig. Ein Olympiastützpunkt kümmert sich um den Nachwuchs, und ca. 60 000 Leipziger halten sich in über 300 Sportvereinen fit; 10 000 engagieren sich allein im Fußball. Immerhin wurde der Deutsche Fußballbund 1900 in Leipzig gegründet, und 1903 wurde der VfB Leipzig der erste Deutsche Meister. Heute träumen der 1. FC Lokomotive und der FC Sachsen in unteren Ligen von solchen Erfolgen, während Handballerinnen und Volleyballer in der Bundesliga spielen. Dabei ist das modernisierte Zentralstadion für 45 000 Zuschauer ausgelegt und füllt sich bei hochkarätigen Events, erstmals zum Turnfest 2002. Auch wenn es mit den olympischen Spielen 2012 nicht geklappt hat, kann sich Leipzigs Sportkalender sehen lassen: Das Internationale Leichtathletik-Hallenmeeting »L. E. Athletics«, die Messe »Partner Pferd«, Leipzig Marathon, Confederations Cup, German Beach Cup und die Fußball-WM sprechen für sich.

Feste, Events und mehr

Messen, Musik, Kneipenfeste und Bücher ...

In Leipzig ist das ganze Jahr über was los. Man muss sich nur entscheiden: Mögen Sie es eher trendy, schnell und ausgefallen, oder sind

Glaspalast Neue Messe

Sie mehr für Kunst und Kultur im klassischen Sinne? Im Frühjahr ist Lesezeit, und im Sommer gibt es Open-Airs in allen erdenklichen Varianten. Der Herbst setzt die Kulturhöhepunkte des Jahres.

Feiertage

1. Jan. *Neujahr; Karfreitag; Ostermontag;* **1. Mai** *Tag der Arbeit;* Christi Himmelfahrt; Pfingstmontag; **3. Okt.** *Nationalfeiertag;* **31. Okt.** *Reformationstag;* Buß- und Bettag; **25./26. Dez.** *Weihnachten*

Feste und Veranstaltungen

Januar/Februar

Die *Modemesse* lockt mit der Modenacht unzählige Menschen in die Stadt. Lebende Schaufensterpuppen setzen die Besucher in Erstaunen.

März

★ Zur *Leipziger Buchmesse* schlagen Autoren auf dem Messegelände und in der Stadt beim Festival »Leipzig liest« neue Seiten auf.

April

Zu Ostern führen Thomanerchor und Gewandhausorchester in der Thomaskirche die Matthäus- bzw. Johannespassion auf, und auf dem Markplatz lädt das *Ostermesse-Spektakel* mit Handwerkern, Schaustellern und Krämern zur Zeitreise.

Insider Tipp Stimmungsvoll: *Leipziger Museumsnacht, www.nachtschicht-leipzig.de*

Mai/Juni

★ Zum *Bachfest* treffen sich Musikfreunde aus aller Welt.

Auf dem Kneipenfestival *Honky Tonk* im Mai machen zahllose Bands aus den Kneipen der Stadt einen dampfenden Hexenkessel. *www.honky-tonk.de*

Wave-Gotik-Treffen zu Pfingsten. Das ist Leipzigs »fünfte Jahreszeit«, schwarz-romantisch gekleidete Menschen bevölkern die Straßen. *www.wave-gotik-treffen.de*

Insider Tipp Beim *Seifenkistenrennen* am Fockeberg starten tollkühne Menschen in verrückten Kisten.

Juli/August

Ob *Orgelsommer, Freilichtkino, Classic Open* oder *Sommertheater:* An jeder Ecke der Innenstadt kann man es sich kulturell gut gehen lassen.

Zur *Saxonia International Balloon Fiesta* treffen sich Ballonfahrer aus ganz Europa. Höhepunkt ist das Insider Tipp Ballonglühen, wenn die Ballons wie Laternen den Nachthimmel erleuchten.

Beim *Leipziger Wasserfest* heißt es »Ahoi« auf den Gewässern zwischen Lindenauer Hafen und Cospudener See: u. a. Piratenspiele und Wasserfeuerwerk.

September

Am *Gewandhaustag* musiziert das Gewandhausorchester an Plätzen, in Höfen und Passagen.

Die *Leipziger Markttage* lassen mit buntem Treiben das Flair der alten Messestadt wieder aufleben.

Oktober

Zur *Lachmesse* tummelt sich alles, was in Deutschlands Kabarett- und Comedyszene Rang und Namen hat, in der Messestadt.

Zum *Internationalen Festival für Dokumentar- und Animationsfilm* bevölkern Cineasten und Journalisten aus aller Welt die Stadt.

Um die *Völkerschlacht* aufleben zu lassen, treffen sich Traditionsgruppen in historischen Uniformen zum Biwak auf dem großen Schlachtfeld im Süden von Leipzig.

November

Die *euro-scene* holt als Festival zeitgenössischen europäischen Theaters exzellente Aufführungen nach Leipzig.

Dezember

Vorm Alten Rathaus ist der *Leipziger Weihnachtsmarkt* am schönsten. Die Thomaner singen in der Thomaskirche das Weihnachtsoratorium.

Insider Tipp *»Gans ganz anders«* im historischen Spiegelzelt auf dem Burgplatz: Symbiose aus Menü und Show.

Gedenken an die Völkerschlacht

Mit Leipzig auf Tuchfühlung

Entdecken Sie zauberhafte Bauten, lebhafte Passagen und herrliche Grünanlagen!

Die Stadt macht es ihren Besuchern leicht: Das alte Leipzig, das neue Leipzig, das kulturelle, akademische und amüsante – im Großen und Ganzen finden Sie es innerhalb des Rings. So bekommen selbst Tagestouristen viel zu sehen. Für die konzentrierte Dosis Leipzig können Sie getrost auf das Auto verzichten. Zum Messegelände oder zum Völkerschlachtdenkmal kommen Sie bequem mit der Straßenbahn. Bei jedem Schritt findet man nicht nur Perlen der Architektur, man könnte auch sofort in diesem Museum, in jener Galerie oder bei einem Bier am Thomaskirchhof hängen bleiben. Und niemand lässt sich von einem Besuch im Straßencafé abschrecken, nur weil vielleicht in der Nachbarschaft ein Presslufthammer dröhnt – so lange es Baugerüste gibt, bewegt sich was. Immerhin sind Dreiviertel der Bausubstanz saniert. Entspannend: Parks und der Auenwald liegen direkt vor der Tür. Im Süden finden Sie in Fahrradentfernung von der City den größten Bade-Sandstrand Sachsens am Cospudener See und den Vergnügungspark *Belantis*.

Hell und freundlich lädt der Innenraum der Nikolaikirche zur Andacht

Im Freisitz am Markt

BAUTEN

Alte Börse **[100 C2]**

★ Wie eine kleine Schatztruhe steht das reich verzierte Gebäude an der Stirnseite des Naschmarkts. Der erste Barockbau Leipzigs entstand 1678/79 auf Drängen der Kaufleute, die ihre Geschäfte nicht länger in der engen Holzbude auf dem Markt tätigen wollten. Geld und Neuigkeiten wechselten fortan im Obergeschoss der Börse die Besitzer. In den Gewölben boten Kaufleute ihre Waren feil. Im Börsensaal finden heute Konzerte und Lesungen statt. An den Cafétischen draußen (im Freisitz, wie man hier sagt) müssen die Gäste schon mal rücken, damit der junge Goethe auf seinem Sockel samt Bauwerk aufs Foto passt. *Naschmarkt, alle Straßenbahnen ins Zentrum, Goerdelerring*

Das Alte Rathaus und sein Turm stammen aus dem 16. Jh.

Altes Rathaus **[100 C3]**
★ Haben Sie's bemerkt? Der Turm des Alten Rathauses steht nicht in der Mitte der 90 m langen Fassade. Baumeister Hieronymus Lotter errichtete das Gebäude 1556 auf den Grundmauern des gotischen Rathauses. Und da lag dort das Treppenhaus, wo sich heute das Türmchen erhebt. Im ersten Stock befanden sich Bürgermeisterei, Gericht und Festsaal. Seit 1909 beherbergt das Alte Rathaus das Stadtgeschichtliche Museum. Der Festsaal wird für Konzerte und Veranstaltungen genutzt. Das Alte Rathaus zählt zu den schönsten Renaissancebauten Deutschlands. *Di–So 10–18, Führung Do 16 Uhr, Markt, alle Straßenbahnen ins Zentrum, Goerdelerring*

Alte Waage **[100 C2]**
In dem schlichten Renaissancebau hatten Schreibstuben und das Waagamt im 16. Jh. ihr Quartier. Kein Kaufmann, der Waren nach Leipzig brachte, kam an dem Haus vorbei, und die Zollabgaben füllten das Stadtsäckel. Im 17. Jh. zog das erste Leipziger Postamt, im 20. Jh. das Messeamt in die Alte Waage. Sehenswert ist die historische Fassade mit dem Staffelgiebel. Wie am Alten Rathaus war auch hier Hieronymus Lotter am Werk. *Markt/Ecke Katharinenstraße, alle Straßenbahnen ins Zentrum, Goerdelerring*

Auerbachs Keller **[100–101 C–D3]**
Leipzigs berühmteste Schankstube, in der sich Faust-Mythos und Gasthaustradition zu einem belebenden Elixier vermischen. Angefangen hat alles mit Heinrich Stromer aus dem Städtchen Auerbach in der Oberpfalz. Er betrieb zu Beginn des 16. Jhs. einen Ausschank in den Kellergewölben. 100 Jahre später mach-

ten die Geschichten vom Leipziger Fassritt des Schwarzmagiers Faust die Runde. Flugs beauftragte Stromers Urenkel den Leipziger Maler Andreas Brettschneider, Bilder vom Fassritt zu malen, und datierte sie vor auf 1525. Von Auerbachs Aura ließ sich auch Goethe beeindrucken: Die Gaststube wurde ein Schauplatz im »Faust«. Auch jetzt geht es in den schön sanierten Kreuzgewölben munter und herzhaft zu. Der Mephisto der heutigen Insider Tipp Fasskellerzeremonie *(Anmeldung, Tel. 21 61 00)* ist ein Scharlatan aus Überzeugung. *Mädlerpassage, alle Straßenbahnen ins Zentrum, Augustusplatz*

Barthels Hof **[100 C2]**

★ Dem Übereifer des Immobilienspekulanten Jürgen Schneider ist es zu verdanken, dass der letzte typische Handelshof Leipzigs jetzt zu den schönsten Häusern der Innenstadt gehört. Nach der Pleite des Hochstaplers Schneider brachten Banken und Handwerker die Sanierung des 500 Jahre alten Gebäudekomplexes zu Ende. Das historische Gasthaus sowie Modegeschäfte, Kunsthandwerker und eine Puppenklinik machen den Hof attraktiv. Viel bewundert ist der prunkvolle Erker des Hauses »Zur goldenen Schlange« (Hofseite Hainstraße). Seit 1523 windet sich das glänzende Reptil am Erker empor, der ursprünglich an der Renaissancefassade zur Marktseite angebracht war. Kaufmann und Bauherr Gottfried Barthel gab dem Komplex im 18. Jh. die heutige Struktur. Lebhaft

MARCO POLO Highlights »Sehenswertes«

★ **Altes Rathaus**
Schöner Renaissancebau mit Ausstellung zur Stadtgeschichte (Seite 20)

★ **Alte Börse**
»Schatzkiste« am Naschmarkt (Seite 19)

★ **Barthels Hof**
Letzter typischer Handelshof Leipzigs (Seite 21)

★ **Clara-Zetkin-Park**
Stadtpark Nummer eins, nahe der City (Seite 32)

★ **Hauptbahnhof**
Größter Kopfbahnhof Europas: Historie und moderne Einkaufswelt (Seite 24)

★ **Mädlerpassage**
Ein Hauch von Mailand: elegant, mondän (Seite 25)

★ **Neue Messe**
Kristallpalast des 20. Jhs., gigantisch und schön (Seite 25)

★ **Nikolaikirche**
Älteste erhaltene Stadtkirche. Keimzelle der friedlichen Revolution von 1989 (Seite 29)

★ **Thomaskirche**
Auf immer verbunden mit den Thomanern und Johann Sebastian Bach (Seite 31)

★ **Völkerschlachtdenkmal**
Herrlicher Blick von der Aussichtsplattform (Seite 29)

Wenn Leipzig abends leuchtet

Mit Nachtwächter und Mondscheintour durch die Stadt

Reizvolle Orte, versteckte Winkel und verborgene Geschichten: All das entdecken Sie auf thematischen Trips mit Leipzigs kreativen Gästeführern. Die erzählen Kriminalstorys, wissen von Weibern und Literaten oder führen mit der Marktfrau Marlene ursächsisch bis zur Goseverkostung nach Gohlis *(www.leipzig-erleben.com)*. An lauen Abenden, wenn die Lichter angehen, entfaltet Leipzig romantisches Flair. Mit dem Nachtwächter erkunden Sie Gassen und Geschichte(n) oder genießen die Mondscheintour im Oldtimerbus *(www.treffpunkt-leipzig.com)*. Sie mögen's aktiver? Dann radeln Sie durch die Vororte oder erkunden mit Bike und Boot den Auenwald *(www.leipzigdetails.de)*.

ging es damals während der Messen zu. Pferdefuhrwerke ratterten durch das »Durchhaus«, die Kaufleute hatten ihre Gewölbe im Erdgeschoss, Wohnungen lagen in den Obergeschossen. *Markt/Hainstraße/ Kleine Fleischergasse, alle Straßenbahnen ins Zentrum, Goerdelerring*

Bosehaus **[100 C3]**

Der Kaufmann Georg Heinrich Bose ließ das Renaissancegebäude aus dem 16 Jh. 1711 barock umbauen. Der Komplex ist seither ein Haus der Kunst. Bach musizierte im Sommersaal, die Kunstsammlung der Kaufmannsfamilie Richter war hier bis 1810 untergebracht. Heute ist das Bosehaus Heimstatt von *Bach-Archiv* und *-Museum (S. 39). Thomaskirchhof 16, Straßenbahn 9, Thomaskirche*

Bundesverwaltungs-gericht **[100 B5]**

Mit seiner Kuppel und dem Grundriss erinnert das ehemalige Reichsgericht (1888–95) an den Reichstag in Berlin. Ludwig Hoffmann und Peter Dybwad hatten 1884 den Architekturwettbewerb gewonnen. Die Figur auf der Kuppel symbolisiert die Wahrheit und trägt deren Licht mit einer Fackel in die Welt. Berühmt wurde das Gericht mit dem Reichstagsbrandprozess: Die Nazis inszenierten hier 1933 erfolglos eine Verhandlung gegen den bulgarischen Kommunisten Georgi Dimitroff. Ab 1952 Leipziger Bildermuseum, seit 2002 Sitz des Bundesverwaltungsgerichts. Die eindrucksvolle Eingangshalle und der sanierte Große Sitzungssaal können besichtigt werden. *Mo–Fr 8 bis 16 Uhr, Simsonplatz, Straßenbahnen 2, 8, 9, Neues Rathaus*

City-Hochhaus **[101 D3]**

Das höchste Gebäude der Stadt: Mit 142 m ragt der ehemalige Uniriese in die Leipziger Skyline. Als Teil des Universitätskomplexes der 1970er-Jahre symbolisierte er ein aufgeschlagenes Buch. Die Uni ist ausgezogen, der Turm heute ein Bürogebäude mit Panoramarestaurant auf 120 m und Aussichtsplatt- Insider Tipp form auf 130 m Höhe. *Plattform Mo–Fr 11–23, Sa/So 10–23 Uhr, Augustusplatz, alle Straßenbahnen ins Zentrum, Augustusplatz*

Fregehaus **[100 C2]**
Das steile Satteldach, die Dachgauben und der prächtige Erker heben das Barockgebäude aus dem Ensemble heraus. 1782 erwarb der Bankier Christian Gottlob Frege das Kaufmannshaus mit der reichen Ausstattung: Delfter Fliesen, bemalte Balkendecken, Wandtäfelungen. Hier logiert jetzt die Galerie am Sachsenplatz. *Katharinenstr. 11, alle Straßenbahnen ins Zentrum, Goerdelerring*

Gewandhaus **[101 D3–4]**
Am schönsten ist das 1981 eingeweihte Konzerthaus abends: Dann flutet das Licht aus den verglasten Foyers über den Augustusplatz. Blickfang ist das überdimensionale Deckenbild: Auf 700 m^2 schuf Sieghart Gilles den »Gesang vom Leben«. Der erste Konzerthallenbau der DDR hat eine ausgezeichnete Akustik. Herzstück ist der sechseckige, große Konzertsaal mit der mächtigen Schuke-Orgel (92 klingende Register, 6638 Pfeifen). Berühmte Kapellmeister waren Felix Mendelssohn Bartholdy, Wilhelm Furtwängler und Bruno Walter, den die Nazis 1933 aus dem Amt drängten. Durch die Wendezeiten führte Kurt Masur. Das Haus vis-à-vis der Oper ist die dritte feste Spielstätte des Leipziger Orchesters. Ursprünglich musizierte es ab 1781 im umgebauten Saal des Messehauses der Tuchmacher (heute Städtisches Kaufhaus), daher der Name Gewandhaus-Orchester. Ein Jahrhundert später bekamen die Musiker ihre eigene Spielstätte in der Beethovenstraße. Der klassizistische Bau wurde im Zweiten Weltkrieg zerstört. *Augustusplatz, alle Straßenbahnen ins Zentrum, Augustusplatz*

Mendebrunnen vor dem nächtlich erleuchteten Gewandhaus

Gohliser Schlösschen [103 F3]

Das Gohliser Schlösschen ist ein feudaler Sommersitz, den sich Kaufmann und Ratsherr Caspar Richter damals weit vor den Toren der Stadt errichten ließ. Der Siebenjährige Krieg machte die Palais-Träume von 1756 zunichte. Die Innenräume wurden später im Stil des Frühklassizismus gestaltet. Während der Völkerschlacht 1813 war hier ein Militärhospital eingerichtet. Mit der Renovierung bekam die Anlage in den 1990er-Jahren ihr fürstliches Aussehen zurück. Pastellig der Steinsaal im Erdgeschoss; eine Flügeltür führt in den Garten, die einzige erhaltene Anlage der Leipziger Barockgärten. Im Obergeschoss beeindruckt der luftige Festsaal mit Gemälden des kursächsischen Hofmalers Adam Friedrich Oeser. Hier finden Konzerte, Lesungen und Theater statt *(geöffnet nur zu Veranstaltungen, www.gohliser-schloss.de). Menckestr. 23, Straßenbahn 4, Menckestraße*

Insider Tipp

Hauptbahnhof [101 D–E1]

★ Hinter den historischen Mauern (1909–13) verbergen sich mit 24 Bahnsteigen der größte Kopfbahnhof Europas und ein modernes Dienstleistungszentrum. 1997 eröffnete unter dem Namen »Promenaden Hauptbahnhof« eine Mall mit Boutiquen, Cafés, Drogerien und mehr, eingelassen in den 270 m langen Querbahnsteig. Freitreppen, Wartesäle und die imposanten Eingangshallen präsentieren sich historisch genau saniert. Das monumentale Bauwerk steht auf 3125 Stahlbetonpfählen, gerammt in den sumpfigen Grund der Parthe-Niederung. *Willy-Brandt-Platz*

Hochschule für Musik und Theater [100 A5]

Großzügiger Bau im Musikviertel und in Nachbarschaft der Unibibliothek sowie der Hochschule für Grafik- und Buchkunst. Seit 1887 werden hier musikalische Talente un-

Reisen und Konsum: Shoppingmeile Hauptbahnhof

terrichtet. Die Gründung des ersten deutschen Konservatoriums geht auf Felix Mendelssohn Bartholdy zurück, nach dem die Schule benannt ist. 1992 Vereinigung mit der Theaterhochschule. Aufführungen im neuen Konzertsaal. *Grassistr. 8, Straßenbahnen 2, 8, 9, Neues Rathaus, Bus 89, Wächterstraße*

Klingerhaus **[100 C3]**
Das leuchtende Rot der malerischen Giebel und Erker fällt weithin ins Auge. Seifensieder Klinger ließ das Geschäftshaus in der Petersstraße 1878–88 errichten. Ein Begriff ist vor allem sein Sohn: 1857 erblickte der spätere Maler, Grafiker und Bildhauer Max Klinger im Vorgängerbau das Licht der Welt. *Petersstr. 48, Straßenbahn 9, Thomaskirche*

Mädlerpassage **[100–101 C–D3]**
★ Weltstädtisches Flair wie keine andere Verkaufsmeile der Stadt strahlt die elegante Mädlerpassage aus. Kofferfabrikant Anton Mädler ließ den lichten Durchgang 1912 nach dem Vorbild der Mailänder Galleria Vittorio Emanuele bauen. Die Geschichte des Hauses lässt sich am Portal Grimmaische Straße ablesen: Die Sandsteinfiguren mit Vase und Weintrauben erinnern daran, dass der Bau als Weinkeller und Porzellanmessehaus genutzt wurde. Der Messepalast ersetzte Auerbachs Hof aus dem 16. Jh. *Auerbachs Keller* zieht viele Schaulustige an. Die Grimmaische Straße mausert sich zur beliebten Einkaufsstraße. Blickfang am Haus Nr. 17 ist der Fürstenhauserker, der nur noch als Kopie erhalten ist. *Grimmaische Str. 3–4/Neumarkt 14, alle Straßenbahnen ins Zentrum, Augustusplatz*

Livemusik in der Moritzbastei

Moritzbastei **[101 D4]**
Der bekannteste Studentenclub der Stadt, labyrinthisch im alten Gemäuer der Bastei des 16. Jhs. angelegt. Vom Frühstück bis zur Disko am Abend ist hier immer was los. Kurfürst Moritz von Sachsen beauftragte Leipzigs Baumeister Hieronymus Lotter, den Ort wehrhaft auszubauen. Später entstand auf den Grundmauern die erste Bürgerschule der Stadt. Nach dem Zweiten Weltkrieg überwucherte Grün die Trümmer, erst in den 1970er-Jahren schlug die Stunde der Studenten: 1974 guckten sie das Gelände für ihren Club aus. 1982 wurde der Gesamtbau eröffnet. *Universitätsstr. 9, Straßenbahnen 2, 9, 16 Roßplatz*

Neue Messe **[113 D3]**
★ Nach drei Jahren Bauzeit wurde 1996 das rund 100 ha große Gelände in Seehausen eröffnet. Mittelpunkt ist die halbrunde, gigantische Glas-Stahl-Konstruktion des Archi-

Als der Brühl noch nach Beize roch

Die Tradition des Kürschnerhandwerks ist erloschen

Das Kürschnerhandwerk, ein ehemals blühendes Gewerbe, hat sich aus der Messestadt fast verabschiedet. Schon 1423 schlossen sich die Leipziger Kürschner zu einer Innung zusammen, und spätestens im 19. Jh. war die Stadt ein Eldorado der Rauchwarenhändler. Der Brühl glich einem Pelzbasar, wo der Geruch von Beize und Konservierungsmitteln in der Luft lag. Viele jüdische Kaufleute waren hier ansässig. Das Aus besiegelten die Nationalsozialisten: In der »Reichspogromnacht« brannten auch in Leipzig die Synagogen, mehr als 5000 jüdische Bürger wurden verhaftet und in die KZ Sachsenhausen und Buchenwald deportiert. Heute erinnert nur noch eine Gedenktafel im Bürgersteig vor dem ehemaligen Geschäftshaus der Familie Felsenstein (Nikolaistraße/Ecke Brühl) an die Rauchwarentradition. Jüdisches Leben hat heute wieder seinen Platz in Leipzig: Die Israelitische Religionsgemeinde zählt mehr als 1000 Mitglieder und wächst weiter.

tektenteams von Volkwin Marg. Sie ist gut 240 m lang, 80 m breit und fast 30 m hoch. An dem Gebilde wirkte auch Ian Ritchie mit, Konstrukteur der Glaspyramide des Louvre. Die 5500 Scheiben des Messepalasts werden von einem eigens erfundenen Roboter geputzt. Glasbrücken führen zu den Ausstellungshallen. Ein schmaler Turm, gleichzeitig Schornstein, trägt das traditionelle Leipziger Messe-Signet. 1917 schuf Erich Gruner das Doppel-M für Muster-Messe, jetzt soll es für »Messe und Mehr« stehen. *Messe-Allee 1, Tel. 678-0, Straßenbahn 16, Flughafen-Express der Deutschen Bahn vom Flughafen und vom Hauptbahnhof*

Neues Rathaus **[100 C4]**
Mit trutzigem Turm und verspielter Fassade bietet das Neue Rathaus am südlichen Innenstadtring einen imposanten Anblick – und wird oft für älter als das kleine Renaissancerathaus am Markt gehalten. Es entstand jedoch erst 1897 unter Stadtbaudirektor Hugo Licht. Das Rathaus steht auf dem Gelände der alten Pleißenburg, die als Zwingburg und Kaserne diente. Deren Turm wurde auf 115 m erhöht. Damit ist er noch heute das zweithöchste Gebäude der Innenstadt. Sehenswert sind die hohen Wandelhallen; den Ratsplenarsaal ziert eine vergoldete, bemalte Kassettendecke. *Mo–Fr 8 bis 18 Uhr, Martin-Luther-Ring 4–6, Straßenbahnen 2, 8, 9, Neues Rathaus*

Opernhaus **[101 E3]**
Vom Grundriss erinnert der erste Theaterneubau der DDR (1960) an das spätklassizistische Neue Theater (1868) an dieser Stelle, das im Zweiten Weltkrieg zerstört wurde. Hinter der Oper erstrecken sich die Schwanenteichanlagen. Sie entstanden im 18. Jh., als die Befestigungs-

anlagen in einen Promenadenring umgewandelt wurden. Nettes Operncafé. *Augustusplatz 12, Tel. 12 61 261, alle Straßenbahnen ins Zentrum, Augustusplatz*

Petershof **[100 C3]**

Einer der typischen ehemaligen Innenstadt-Messepaläste (1927–29). Die sieben großen Figuren an der Fassade symbolisieren verschiedene Messen und Berufe. *Petersstr. 20, Straßenbahn 9, Thomaskirche*

Riquethaus **[101 D3]**

Einen Hauch Orient verbreitet das Riquethaus mit seinem chinesisch geschwungenen Türmchen und den Elefantenköpfen über dem Eingang. Die Architektur von 1909 steht für die Handelsbeziehungen der aus Frankreich stammenden Riquets: Die Familie handelte seit 1745 mit China- und Orientwaren. Darüber hinaus gab es hier schon immer Insider Tipp vorzügliches Naschwerk aus eigener Produktion. Im Riquetcafé erinnern eine alte Registrierkasse und ein goldener Elefant an die Tradition. *Schuhmachergässchen 1–3, alle Straßenbahnen ins Zentrum, Augustusplatz*

Romanushaus **[100 C2]**

Opulent gestaltetes Palais, das 1703 städtebauliche Maßstäbe setzte und seinen Auftraggeber in den Kerker brachte. Franz Conrad Romanus stieg als Günstling von August dem Starken zum Leipziger Bürgermeister auf. Der 30-Jährige ließ das stattliche, barocke Palais entwerfen. Die ungeheuren Kosten von 150 000 Talern »finanzierte« er über ungedeckte Stadtschuldscheine. Das flog auf, und so ließ ihn sein Patron 1705 in die Festung Königstein werfen. Heute ist das Gebäude detailgetreu saniert. Viele Leipziger verbinden das Romanushaus mit dem legendären Richterschen Kaffeehaus, das 1784 hier seine Pforten öffnete. *Katharinenstr. 23, alle Straßenbahnen ins Zentrum, Goerdelerring*

Details der Jugendstilfassade des Kaffeehauses Riquet

Witzig, farbenfroh, dekorativ ist die Gestaltung der Lichthöfe in Specks Hof

Specks Hof **[101 D3]**
Einkaufspassage mit kosmopolitischem Flair. Tradition und Moderne greifen harmonisch ineinander. Das wurde 1996 in Cannes mit der Mipim Awards Trophy für das schönste restaurierte Bürogebäude Europas belohnt. Ein Blick in die Höhe der drei Lichthöfe lohnt sich! Sie wurden zur Neueröffnung 1995 mit Malereien, poppigen Keramikmedaillons und Wandfriesen ausgestaltet, die z. T. auf die Geschichte der Leipziger Messe anspielen. Von der ursprünglichen Gediegenheit des 1908 eröffneten Messepalasts zeugen die dunklen Kupferdecken in den Passagen sowie die Bleiglasfenster an den Treppenaufgängen. Früher wurden hier Leder- und Schmuckwaren ausgestellt. Das Gebäude übernahm seinen Namen vom Vorgängerbau, der der Familie des Freiherrn Speck von Sternburg gehörte. Von Specks Hof führt ein Durchgang ins *Hansahaus* (1904 bis 1906). *Reichsstr. 4–6, Grimmaische Straße, alle Straßenbahnen ins Zentrum, Augustusplatz*

Städtisches Kaufhaus **[101 D3]**
Barock gestaltetes Messehaus mit Ladenzeile. Entstanden ist das Kaufhaus zwischen 1893 und 1901: Die Stadtbibliothek und das Messehaus der Tuchmacher wurden zu einem großen Komplex umgestaltet. Hierzu wurde der klassizistische Saal des Gewandhausorchesters abgerissen. Schönes Detail an der Fassade: Eine Bronzestatue von Kaiser Maximilian I. erinnert an die Verleihung des Messeprivilegs von 1497. *Neumarkt 9–19, alle Straßenbahnen ins Zentrum, Wilhelm-Leuschner-Platz*

Universitätsbibliothek **[100 B5–6]**
Wer genau auf die Farbe des Sandsteins achtet, wird entdecken, dass der Ostflügel der prachtvollen Uni-

versitätsbibliothek ein Neubau ist. 1881–91 entstand die Bibliothek nach Plänen des Leipziger Architekten Arwed Roßbach im Stil der italienischen Renaissance. Die Bomben des Zweiten Weltkriegs zerstörten große Teile des Gebäudes. 1992 begann der Wiederaufbau in ursprünglicher Form mit modernem Innenleben. Prunkstück ist der ehemalige Posthof, jetzt glasüberdachter Lesesaal. Die 1543 gegründete Bibliotheca Albertina umfasst über 3 Mio. Bände, eine bedeutende Sammlung mittelalterlicher Handschriften, 3500 Inkunabeln sowie eine Papyrus- und Autografensammlung. *Mo–Fr 9–21, Sa 9–17 Uhr, Beethovenstr. 6, Tel. 973 05 77, Straßenbahnen 8, 2, 9, Neues Rathaus*

Völkerschlachtdenkmal [109 E5]

★ Mehr als 200 000 Besucher zieht der riesige Denkmalsbau Jahr für Jahr an. Er wurde 1913 eingeweiht – 100 Jahre nachdem die europäischen Verbündeten in der Völkerschlacht bei Leipzig Napoleon in die Flucht geschlagen hatten. Die Feierlichkeiten im Oktober 1913 waren ein nationales Ereignis. Der Kaiser reiste an, deutsche Fürsten und Vertreter der Herrscherhäuser Schwedens, Russlands und Österreichs. Randnotiz: Die Sachsen gehörten 1813 zu den Verlierern, sie schlugen sich nämlich für den französischen Despoten. Im Denkmal dokumentiert eine Ausstellung die Baugeschichte. In der Krypta halten 16 steinerne Krieger Totenwache. Die kolossalen Figuren in der Ruhmeshalle (Tapferkeit, Glaubensstärke, Opferfreude und Volkskraft) ragen rund 10 m in die Höhe. Dagegen muten die 324 fast lebensgroßen Reiterfiguren in der Kuppelhalle geradezu winzig an. Die gute Akustik können Sie bei einer Aufführung des Völkerschlachtdenkmal-Chores genießen. Bis 2013, dem 100. Jahrestag der Denkmalsweihe, wird der 300 000 t schwere Koloss saniert. Beeindruckend ist der Blick von der 91 m hohen Aussichtsplattform. Wenn Ihnen der Aufstieg über die 364 Stufen zu anstrengend ist, nehmen Sie den Lift von der Krypta zum ersten Außenrundgang. *Nov.–März tgl. 10 bis 16, April–Okt. 10–18 Uhr, Eintritt 3 Euro, Prager Straße, Straßenbahn 15, Völkerschlachtdenkmal*

FRIEDHÖFE

Alter Johannisfriedhof [101 F4]

Auf dem Friedhof hinter dem Grassimuseum erinnern kunstvolle Grabmale an bedeutende Bürger, u. a. an Goethes Freundin Käthchen Schönkopf und seinen Zeichenlehrer Adam Friedrich Oeser. *Eingang Täubchenweg, Straßenbahnen 12, 15, 4, 7, Johannisplatz*

Südfriedhof [109 E5]

Der mit 80 ha zweitgrößte Parkfriedhof Deutschlands wurde 1886 angelegt und ist wegen seines alten Baumbestands, botanischer Raritäten und künstlerischer Grabmale einen Spaziergang wert. Hier wurden u.a. Leipzigs erster Nachkriegsoberbürgermeister Erich Zeigner und Gewandhauskapellmeister Arthur Nikisch beerdigt. *Prager Straße, Straßenbahn 15, Völkerschlachtdenkmal*

KIRCHEN

Nikolaikirche [101 D3]

★ Friedensgebete, Lichterketten, Demonstrationen – seit dem deutsch-

Entspannen & Genießen

Relaxen in der Sachsen-Therme

Sightseeing schön und gut, doch zwischendurch muss man mal die Seele baumeln lassen. Im Freizeitbad Sachsen-Therme können Sie sich in die Wellen stürzen oder für eine der sieben Saunen erwärmen *(Fr 21–1 Uhr Mitternachtssauna)*. Danach genießen Sie das mediterrane Flair an der Bar *(Tageskarte Bad und Sauna 15 Euro)*. Im Massagestudio können Sie sich richtig schön durchkneten lassen – von der Gesichts- über die Rücken- bis zur Ganzkörpermassage *(36 Euro). Schongauerstr. 19, Tel. 259 99 20, www.sachsen-therme.de, Therme tgl. 10–23 Uhr, Straßenbahnen 7, 8, Paunsdorf-Center*

deutschen Wendeherbst 1989 ist St. Nikolai als Keimzelle der friedlichen Revolution international bekannt. Schon immer spielte die älteste erhaltene Kirche Leipzigs eine wichtige Rolle im politischen Leben. In der Nähe der Kirche siedelten sich im 12. Jh. verstärkt Kaufleute an – ihrem Schutzpatron Nikolaus ist sie geweiht. In der Nachbarschaft entstand 1512 mit der Alten Nikolaischule (heute Kulturcafé und Museum) die erste stadteigene Bildungsstätte. In der Nikolaikirche bestand J. S. Bach seine Probe fürs Kantorenamt. Ursprünglich ist die gedrungene romanische Westfront. Erst 1555 entstand der Mittelturm, der zu Beginn des 18. Jhs. seine barocke Haube bekam und auf 75 m erhöht wurde. Innen betört die größte Kirche der Stadt durch ihre lichte Gestaltung. Aus korinthischen Säulen scheinen Palmwedel zu sprießen. Auf diese Weise verwandelte Stadtbaudirektor Dauthe 1784–97 die gotische Hallenkirche in ein klassizistisches Meisterstück. Das Altarbild stammt von A. F. Oeser. Pfarrer Christian Führer lädt auch heute noch montags zu Friedensgebeten. Ab 20 Uhr erleuchten nach und nach 144 farbige Lichtsteine den Platz. Die Lichtinstallation von Tilo Schulz erinnert wie die Nachbildung der Dautheschen Säule und der bis zum Überlaufen gefüllte Granitbrunnen an den friedlichen Widerstand des Jahres 1989. *Nikolaikirchhof, alle Straßenbahnen ins Zentrum, Augustusplatz*

Peterskirche **[100 C6]**

In der Wohnbebauung östlich der Karl-Liebknecht-Straße geht der riesige Bau fast unter. Dabei ist der Kirchturm 87 m hoch, und im Innern finden 2500 Menschen Platz. Wer davor steht, fühlt sich an eine französische Kathedrale erinnert. Tatsächlich nimmt die Gestaltung der 1882–85 entstandenen Kirche darauf Bezug. Wunderschön klingt die restaurierte Jahn-Orgel, die bis zur Sprengung der Paulinerkirche 1968 in dem Gotteshaus am Augustusplatz stand. Beliebter Ort für Kulturveranstaltungen. *Mo–Do 10–16, Fr 10–15 Uhr, Schletterplatz, Straßenbahnen 11, 10, Hohe Straße*

Russische Gedächtniskirche [108 C3]

Die Kirche wurde 1913, 100 Jahre nach dem Sieg über Napoleon, geweiht. 22 000 russische Soldaten kamen in der Schlacht bei Leipzig ums Leben. Der Entwurf Wladimir Prokowskis lehnt sich an eine Moskauer Kirche des 16. Jhs. an. *Ph.-Rosenthal-Str. 51a, Straßenbahnen 2, 16, Deutsche Bücherei*

Synagoge Gottschedstraße [100 B3]

»Der Tempel« wurde die Synagoge im islamisch-maurischen Stil genannt (1855). In der Pogromnacht vom 9. November 1938 brannten die Nazis das Bauwerk nieder. Heute findet sich hier eine schlichte, aber beeindruckende Gedenkstätte für die von den Nazis ermordeten Juden: 140 Bronzestühle stehen im Bereich des früheren Mittelschiffs. *Gottschedstraße/Ecke Zentralstraße, Straßenbahn 9, Thomaskirche*

Thomaskirche [100 C3]

★ Ihr Ruf geht weit über die Landesgrenzen hinaus. Er ist untrennbar verbunden mit den Thomanern, einem der besten Knabenchöre im deutschsprachigen Raum, und ihrem berühmtesten Kantor: Johann Sebastian Bach. Vor dem Südportal erinnert Carl Seffners Bach-Denkmal von 1908 an den Komponisten. Seine sterblichen Überreste wurden 1950 aus der zerstörten Johanniskirche hierher überführt. Die Wurzeln des Thomanerchores liegen im 13. Jh. Damals gab es bereits einen Kirchenbau an der Stelle der heutigen Thomaskirche. Er wurde Ausgangspunkt des von Markgraf Dietrich gestifteten Augustiner Chorherrenstifts; die

Fassadenschmuck: Thomaskirche

Schüler dieser Institution erhielten u. a. eine Ausbildung in liturgischen Gesängen. Wenn die Thomaner nicht gerade auf Reisen sind und keine Schulferien haben, kann man für einen kleinen Obolus Fr 18 und Sa 15 Uhr in den Genuss von Motetten und Kantaten kommen. Insider-Tipp

Am Pfingstsonntag 1539 predigte hier Martin Luther, der Tag gilt als Einführung der Reformation in Sachsen. Luther und Bach sind zwei der farbigen Fenster im Chorraum gewidmet. Das jüngste Gedächtnisfenster erinnert an Felix Mendelssohn Bartholdy. Der Bau selbst wurde häufig umgestaltet. 1496 ersetzte man das romanische Kirchenschiff durch eine spätgotische Halle. Sie wird überspannt von einem ungewöhnlich steilen Dach, mit 63 Grad Neigung das steilste in Leipzig. Der 68 m hohe Turm bekam 1702 seine barocke Haube. Die große Grünfläche vor der Thomaskirche ist ein beliebter Treffpunkt für junge Leute geworden. *Thomaskirchhof, tgl. 9–18, Gottesdienste So 9.30 und 18, Turmführungen Sa 13, 14 und 16.30, So 14 und 15 Uhr, www.thomaskirche.org, Straßenbahn 9, Thomaskirche*

PARKS & GARTENANLAGEN

Auensee **[102 B1–2]**

Insider Tipp

Gemütlich zuckelt die Parkeisenbahn um den kleinen See im nördlichen Auenwald. Attraktion ist die Dampflok von 1925 im Liliputformat. *April–Okt. Mo–Sa 14–18, So ab 10 Uhr, Straßenbahnen 10, 11, Rathaus Wahren, Bus 80, Auensee*

Botanischer Garten **[108 C2]**

Gegründet wurde der Botanische Garten der Universität im 16. Jh. als Kräuter- und Heilpflanzengarten. Auf dem 3 ha großen Gelände werden heute ca. 9000 Pflanzenarten kultiviert. Attraktionen sind die Schaugewächshäuser mit Palmen-, Farnhaus, Kakteen- und Orchideenausstellung. Die Gewächshäuser aus dem 19. Jh. wurden 1998–2003 nach historischem Vorbild neu errichtet *(Freiland tgl. 9–16, Gewächshäuser April–Sept. Di–Fr 13 bis 18, Sa/So 10–18 Uhr)*. Im Sommer tummeln sich im Schmetterlingshaus über 200 farbenprächtige Falter. *Linnéstr. 1, Straßenbahnen 2, 16, Bus 60, Johannisallee*

Insider Tipp

Clara-Zetkin-Park **[107 E2]**

★ Leipzigs Stadtpark Nummer eins. Gärten im Stil des 19. Jhs., Wald- und Auenlandschaft fügen sich hier aneinander. Im Sommer sind die Wiesen von Studenten belagert, im Winter ist Familienrodeln angesagt. Clara Zetkin (1857 bis 1933) war die Begründerin der sozialistischen Frauenbewegung. Unter ihrem Namen wurden 1955 verschiedene historische Gärten zu einem »Kulturpark« vereint, u. a. der *Johannapark* **[107 F1]** zwischen Friedrich-Ebert- und Marschnerstra-

Richtig fit!

Ich bin mal eben auf'm Sonnendeck ...

In der 7. Etage im Strohsack verbirgt sich eine Perle der Fitness. In familiärer Atmosphäre kann man auch als Tagesgast *(Ticket 15 Euro)* die Geräte ebenso nutzen wie das Kursangebot, die Sauna oder das Sonnendeck mit seiner sensationellen Aussicht auf die quirlige Innenstadt: Das Dach der Nikolaikirche liegt gleich gegenüber. Hierher kommen Geschäftsleute in ihrer Mittagspause, Studenten zwischen den Vorlesungen und ältere Herrschaften, die sich lieber hier als in den Shoppingmalls fit halten. *Skyline fitness, Mo, Mi, Fr 9–23, Di, Do 6.30–23, Sa/So 10–18 Uhr, Nikolaistr. 10, Tel. 14 16 70, www.skyline-fitness.de, alle Straßenbahnen ins Zentrum, Augustusplatz*

Grüne Idylle im Kulturpark Clara Zetkin

ße. Er wurde von Peter Joseph Lenné entworfen und bietet mit Teich, Fontäne und Brücken eine romantische Sicht hinüber zum Neuen Rathaus. Dann schließt sich bis zum Elsterflutbett der ehemalige *König-Albert-Park* **[107 E2]** mit Blumenrabatten und Parkbühne an. Hier kann man Popkonzerte in persönlicher Atmosphäre erleben. Beim Wave-Gotik-Treffen zu Pfingsten gehört die Parkbühne zu den Hauptspielorten. Gegenüber, nahe der Karl-Tauchnitz-Straße, kann man an der Gaststätte *Glashaus* die perfekte Pause im Grünen machen (Sonntagsbrunch). Jenseits des Elsterflutbetts erstreckt sich das Auenwald-Gebiet »Die Nonne« **[107 E3]** mit einem Netz von Rad- und Spazierwegen. Im Frühjahr duftet es hier intensiv: Der Bärlauch blüht. Der wilde Knoblauch ist als Gewürz und Gemüse auf den Speisekarten Leipziger Restaurants angesagt. *Straßenbahnen 1, 2, Clara-Zetkin-Park*

Insider Tipp

Cospudener See **[110 A4–6]**

Insider Tipp

Den Sommer verbringen Leipziger gern an der »Costa Cospuda«, dem bis zu 70 m breiten Sandstrand im Norden des Cospudener Sees. Noch vor wenigen Jahren war das Areal des über 4 km² großen Sees eine Mondlandschaft, das Ergebnis jahrzehntelangen Braunkohletagebaus. Die Gemeinde Cospuden musste den Schaufelbaggern weichen. Zur Expo 2000 entstand ein Freizeitparadies für Spaziergänger, Surfer, Taucher, Segler und Badegäste. Im Hafen kann man auf der Terrasse den Sonnenuntergang genießen. Vom Aussichtsturm an der Bistumshöhe im Norden sieht man weitere Tagebauseen in Flutung. *www.cospuden.de. Straßenbahn 9, Forsthaus Raschwitz, Bus 107, Zöbigker (Schmiede)*

Rosental **[103 D–F4]**

Insider Tipp

Weiter Landschaftspark zwischen Innenstadt und Gohlis. Östlich grenzt das Zooschaufenster an. Hier kann man einen Blick auf die Afrika-Savanne des Zoos erhaschen. Im hinteren, waldigen Teil erhebt sich der »Scherbelberg«, für den 1896 60 000 Pferdefuhren Hausmüll angekarrt wurden. Darauf steht ein 20 m hoher Aussichtsturm.

Vergnügungspark Belantis **[113 D4]**
Welt- und Zeitreise am Südzipfel des Cospudener Sees: Griechenland und Mexiko, Grafendorf und Ritterburg warten mit familienverträglichen Attraktionen auf. Steil: die 38 m hohe Pyramide mit Wildwasserbahn. Der Park hat 700 Fahrradstellplätze und ist von der City prima per Pedalo zu erreichen. *April bis Okt. Mi, Do, Sa, So 10–18, während der Ferien in Sachsen, Sachsen-Anhalt, Thüringen und Brandenburg tgl. 10–18 Uhr, Tageskarte 17 Euro, www.belantis.de*

Wildpark **[110 C1–2]**
Rehe, Elche, Waschbären, Wildkatzen u.a. sind in dem 42 ha großen Areal im Ratsholz zu sehen. Urtümlich das Teehaus, das wie ein russisches Blockhaus gebaut ist. Ein 400 m langer Erlebnispfad führt durch das Rot- und Damwild- bzw. Mufflongehege. *Koburger Str. 12, Gehege Mai–Sept. 7–20, April, Okt. 7 bis 19, Nov.–März 7–18 Uhr, Eintritt 2 Euro, Straßenbahn 9, Wildpark*

Zoologischer Garten **[104 A–5]**
Charmante Anlage unter alten Bäumen. 1878 eröffnete Ernst Pinkert seinen Privatzoo. Heute gehört der Zoo mit über 800 Arten zu den artenreichsten der Welt. Die Anlage befindet sich im Umbruch; die alten Raubtierhäuser sind z. T. denkmalgeschützt, aber nicht mehr artgerecht. Dafür gibt es jetzt eine große Afrika-Savanne und die Menschenaffenanlage »Pongoland«. Zu den neuen Attraktionen gehören Lippenbärenschlucht, Wasservogelteich und Robbenanlage; außerdem Abenteuerspielpätze und Tierkindergarten. Für einen Abstecher gehen Sie eine Stunde vor Schließung in den Zoo und zahlen nur die Hälfte. Insider Tipp Vor dem Verfall gerettet wird die prächtige Kongresshalle (1899/1900) am Eingang. *Pfaffendorfer Str. 29, Nov. bis März tgl. 9–17, April, Okt. 9 bis 18, Mai–Sept. 9–19 Uhr, Eintritt 10 Euro, Straßenbahn 12, Zoo*

PLÄTZE

Augustusplatz **[101 D–E3]**
Zehntausende standen hier im Herbst 1989 dicht gedrängt zu den Abschlusskundgebungen der Montagsdemonstrationen. Das allein verdeutlicht die Dimensionen: Die Fläche zwischen Oper und Gewandhaus umfasst ca. 4 ha. Mit der Straßenbahntrasse in der Mitte, direkt am Ring gelegen, war der Platz schon immer ein pulsierender Knotenpunkt, umgeben von aufwändigen Bauten: An Stelle der Oper stand das klassizistische Neue Theater, statt Gewandhaus gab es ein prächtiges Bildermuseum und an der Westseite das prunkvolle Augusteum. Wo heute das Karl-Marx-Relief über dem Uni-Eingang prangt, stand einst die Paulinerkirche. Sie überstand den Zweiten Weltkrieg und wurde 1968 vom SED-Regime gesprengt. Mit der Neugestaltung des Campus bekommt die Südwestseite des Platzes abermals ein neues Gesicht. 1998 gestaltete Bernhard Winkler den Platz zu einem Ort des Verweilens um. Im Sommer waten nicht nur Kinder durch das flache

Brunnenbecken vor der Oper. Der Mendebrunnen ist ein liebevoll restauriertes historisches Element: 1886 eingeweiht, zeigt er die Meereswelt im Kleinen und ist eine Allegorie auf die Bedeutung des Wassers für den Menschen. Er ist nach der Stifterin Marianne Pauline Mende benannt, einer Schönefelder Gutsbesitzerin. *Alle Straßenbahnen ins Zentrum, Augustusplatz*

Markt **[100 C3]**
Das Herzstück der Innenstadt: Dominiert vom alten Renaissancerathaus, ist er einer der attraktivsten Plätze Leipzigs. Entstanden ist der Markt im Mittelalter. Ab dem 15. Jh. bauten die Kaufleute hier ihre Häuser. Das *Waageamt* (Ecke Katharinenstraße) gehörte wie das *Rathaus* zu den wichtigsten öffentlichen Gebäuden. 1924 wurde der Markt mit einer Messehalle unterkellert. Sie wurde zugunsten des City-Tunnels abgerissen. Ab 2009 halten Züge unterirdisch im Herzen der Stadt. Am Restaurant »Weinstock« rankt eine Weinrebe, die eine kleine, exquisite Ernte einbringt. Insider Tipp Anno dazumal floss nicht nur Wein, sondern auch Blut: Auf dem Markt fanden Hinrichtungen statt, die letzte 1824. Damals wurde der Perückenmacher Woyzeck enthauptet, weil er seine Geliebte erstochen hatte. Georg Büchners Drama machte Woyzeck weltbekannt. *Alle Straßenbahnen ins Zentrum, Goerdelerring*

Naschmarkt **[100 C3]**
Heimeliges Plätzchen zwischen Rathaus, Alter Börse und dem früheren Burgkeller. Der Platz entstand im 16. Jh. und war mit Salz- und Brotverkäufern sowie Garküchen schon immer ein Ort leiblichen Wohls. Diese Atmosphäre wird bei den Mittelaltermärkten wieder lebendig. Am Sockel des Goethe-Denkmals sind Friederike Oeser und Goethes Freundin Käthchen Schönkopf verewigt. *Alle Straßenbahnen ins Zentrum, Goerdelerring*

Rathaus, Börse und Dichterfürst: Goethe-Denkmal auf dem Naschmarkt

Bilder, Bücher, Stadtgeschichte

Bürgermuseen im besten Sinne: Leipzigs Häuser beeindrucken mit Sonderausstellungen und populärer Atmosphäre

Bei den Museen kommt sie endlich mal zum Zuge, die bildende Kunst, in der Musik- und Buchstadt Leipzig sonst eher stiefmütterlich behandelt. Das Museum der bildenden Künste, auch Bildermuseum genannt, gehört zu den meistbesuchten der Stadt. Jetzt logiert es in einem repräsentativen Neubau am Sachsenplatz, im Herzen der Stadt. Kunst neben Kommerz, nahe an den Bürgern – das ist gewissermaßen eine Rückkehr zu den Wurzeln. So wie das Gewandhausorchester dem musischen Ansinnen cleverer Kaufleute zu verdanken ist, so gründeten Kaufleute 1837 einen Kunstverein, der das Bildermuseum auf den Weg brachte.

Ein wunderbares Gegengewicht zum Bildermuseum ist die 1998 eröffnete Galerie für Zeitgenössische Kunst. Hier finden Interessierte auf wenig Raum ein komprimiertes, modernes Kunstangebot. Ansonsten eint Leipzigs Museen ein Dilemma: Von ihren reichen Sammlungen können sie oft nur Bruchstücke zeigen. Bestes Beispiel ist das Grassi. Der einst größte Museumskomplex wird zzt. umgebaut. Bis zur Beendigung der Arbeiten sind die einzelnen Museen in anderen Gebäuden untergebracht.

Das Völkerschlachtdenkmal gehört zu Europas monumentalen Erinnerungsstätten

Im Kaffeemuseum Zum Coffe Baum

Wer über bauliche Mängel in der Museenlandschaft hinwegsieht, erkennt schnell Leipzigs Stärken. Die Kulturtempel sind Bürgermuseen im besten Sinne geblieben: Die Museumsnacht, freier Eintritt an bestimmten Tagen und Sonderführungen locken nicht nur Touristen an. Und als Sahnehäubchen gibt es hochkarätige Sonderausstellungen der renommierten Häuser. Daneben bleiben Nischen für liebenswerte Fachausstellungen: z. B. im Schkeuditzer Spiel(zeug)museum *(Zum Herrenholz 30)* oder im Apothekenmuseum am Thomaskirchhof.

Der Meister lächelt milde: Bach-Büste im Bach-Museum

Ägyptisches Museum **[100 C3]**
Klein aber fein, so präsentiert sich die Leipziger Universitätssammlung im Interim. Alltag und Kunstschaffen der Ägypter vom 4. Jahrtausend v. Chr. bis in die christliche Periode im 1. Jahrtausend spiegeln sich in der Auswahl der bedeutendsten Sammlungsstücke wider. Neben Königs- und Privatstatuetten, Schmuck und Gefäßen finden Sie ein Glanzstück der Sammlung als Nachbildung: den kostbar bemalten, rund 4000 Jahre alten äußeren Sarg des Totenpriesters Herischef-Hotep aus Abusir. Stilvolle Souvenirs im kleinen Museums-Shop im Foyer. *Di–Sa 13 bis 17, So 10–13 Uhr, Führungen jeden 2. Sa (15 Uhr) und 4. So (11 Uhr) im Monat (im März, Juni und Sept. sind die Sonntagsführungen speziell für Kinder), Eintritt 2 Euro, Burgstr. 21, www.uni-leipzig.de/~egypt, Straßenbahnen 10, 11, 9, 2, 8, Wilhelm-Leuschner-Platz*

Antikenmuseum der Universität Leipzig **[101 D2–3]**
★ Ein kleines Juwel in der Leipziger Museenlandschaft ist das Antikenmuseum in den lichten Räumen der Alten Nikolaischule: Der Rundgang führt zu den Schätzen verschiedener Kunstgattungen aus griechischer und römischer Antike. Sehenswert ist der Saal mit kunstvollen attischen Vasen aus dem 5. und 6. Jh. v. Chr. In der Ausstellung ist das sagenhafte Troja mit Funden aus Heinrich Schliemanns Grabungen vertreten. Alexander der Große ist in Form eines kleinen, kostbaren Marmorköpfchens dargestellt. Die Sammlung der Universität wird seit 150 Jahren kontinuierlich ausgebaut und durch großzügige internationale Schenkungen unterstützt. *Di–Do und Sa, So 12–17 Uhr, Eintritt 2 Euro, Alte Nikolaischule, Nikolaikirchhof 2, www.uni-leipzig.de/~antik, Bus 89, Reichsstraße*

Bach-Museum **[100 C3]**
★ Das schönste am Bach-Museum ist die Authentizität des Ortes: Mit der Familie des Handelsherrn Georg Heinrich Bose war Bach befreundet. In seinem Haus war er oft zu Gast. 1985, zum 300. Geburtstag Bachs, zog das Bach-Archiv in dieses Bürgerhaus. Das Museum ist nur ein Gebiet der Bachpflege des Instituts: Es unterhält eine wissenschaftliche Bibliothek (9500 Musikdrucke, 5100 Tonträger) und besitzt eine Sondersammlung von Bach-Handschriften. Das überschaubare Museum im Obergeschoss ist ein Muss für alle, die sich für die 27 Leipziger Jahre des Komponisten interessieren. Schön für Laien und Musikkenner ist die kleine Ausstellung von Musikinstrumenten der Bachzeit. In Sonderausstellungen werden auch lichtempfindliche Autografe der Öffentlichkeit zugänglich gemacht. Kammermusik des 18. Jhs. – z. T. auf historischen Instrumenten gespielt – ist in wöchentlichen Konzerten im historischen Sommersaal des Bach-Museums zu genießen *(Mi 20 Uhr, Juli/Aug. Konzertpause). Tgl. 10–17 Uhr, Eintritt 3 Euro, Thomaskirchhof 15–16, www.bach-leipzig.de, Straßenbahn 9, Thomaskirche*

Deutsches Buch- und Schriftmuseum **[108 C3]** Insider Tipp
Dass Leipzig den Titel »Buchstadt« in der Vergangenheit verdient hatte, zeigt die ständige Ausstellung »Merkur und die Bücher – 500 Jahre Buchplatz Leipzig«. Wie sah eine Buchdruckerwerkstatt im 18. Jh. aus? Welche Rolle spielte die Messe für den Buchhandelsplatz an der Pleiße? Das älteste Buchmuseum der Welt (1884) gibt Antworten und erzählt die Geschichte des Buchs bis in die Moderne. Sehenswert sind die originalen Druckerpressen früherer Jahrhunderte. Zu den Schätzen der Sammlung gehören Inkuna-

MARCO POLO Highlights »Museen«

★ **Antikenmuseum**
Griechische und römische Kostbarkeiten (Seite 38)

★ **Bach-Museum**
Details aus Bachs Leben in authentischer Atmosphäre (Seite 39)

★ **Zeitgeschichtliches Forum Leipzig**
Gegen das Vergessen: Geschichte der DDR und der friedlichen Revolution 1989 (Seite 45)

★ **Musikinstrumenten-museum**
Schöne Instrumente, überraschende Klangerlebnisse im Labor (Seite 41)

★ **Werkstätten und Museum für Druckkunst**
Ausflug in die Vergangenheit des Buchdrucks (Seite 45)

★ **Museum der bildenden Künste**
Meisterwerke europäischer Malerei (Seite 42)

beln, so genannte Wiegendrucke aus den Anfängen der Technik im 15. Jh. Das Museum liegt im Komplex der Deutschen Bücherei. *Mo bis Sa 9–16 Uhr, Eintritt 2 Euro, Deutscher Platz 1, www.ddb.de, Straßenbahnen 2, 16, Deutscher Platz*

Galerie für Zeitgenössische Kunst **[100 A5]**

Ein Ort kreativer Spannungen, das zeigt sich schon von außen: An die herrschaftliche Gründerzeitvilla fügt sich kompromisslos geradlinig ein moderner Kastenbau. Der Dresdner Architekt Peter Kulka gestaltete die Villa zum Domizil für zeitgenössische Kunst um. 1914–45 lebte hier der Zeitungsverleger Edgar Herfurth, Herausgeber der »Leipziger Neuesten Nachrichten«, der Vorgängerin der heutigen »Leipziger Volkszeitung«. Dazu kommt ein 1000 m² großer Ausstellungsneubau, in dem durch raumhohe Schiebewände zu jeder Ausstellung ein neues Raumerlebnis entsteht. Das Café im Neubau *(Di–So 11–24 Uhr)* gestaltet jährlich ein anderer Künstler. Am Wochenende wandelt sich das Café zum *Club Weezie (Fr bis So 19–2 Uhr)*, in dem DJs für ein junges Szenepublikum auflegen.

Seit 1998 beherbergt die Galerie eine Sammlung von jetzt ca. 270 Werken, u. a. von Gotthard Graubner, Hartwig Ebersbach und Neo Rauch. Ausstellungen zeigen aktuelle Arbeiten junger Künstler von Dresden bis New York. Die GfzK und Partner vergeben Stipendien und Projektaufenthalte im Studiohaus vor Ort. *Di–Sa 14–19, So 12 bis 19 Uhr, Eintritt 7 Euro (Neu- und Altbau), Karl-Tauchnitz-Str. 11, www.gfzk.de, Straßenbahnen 9, 8, 2, Neues Rathaus, Bus 89, Wächterstraße*

GaraGe – Technologiecentrum für Jugendliche **[106 C2]**

Ob Druckmaschinen oder ein Porsche 911 – hier dürfen Sie alles anfassen. Auf 5000 m² entdecken die Besucher in der alten Produktionshalle Maschinen aus den Anfängen des Industriezeitalters sowie moderne Technik. Empfehlenswert die interaktiven Führungen *(nach Voranmeldung ab 5 Pers., Tel. 87 08 60). Mo–Fr 9–17 Uhr, Eintritt 4 Euro, Karl-Heine-Str. 97, www.g-a-r-a-g-e.de, Straßenbahn 14, Gießerstraße*

Grassimuseum **[101 F4]**

Drei Sammlungen von Rang vereinigte das Grassimuseum unter einem Dach: Völkerkunde, Kunsthandwerk und Musikinstrumente. Die drei mussten sich in dem 1925 bis 29 erbauten Haus arg beschränken: Nicht einmal ein Prozent der Bestände konnte gezeigt werden. Der Rest lagerte in den Magazinen. Nach der Sanierung beginnt der Wiedereinzug der Sammlungen.

Benannt ist das Museum nach dem Kaufmann Franz Dominic Grassi, der Leipzig ein Millionenerbe vermachte. 1896 wurde im Gebäude der heutigen Stadtbibliothek am Leuschnerplatz das erste Grassimuseum eröffnet. Es platzte bald aus allen Nähten. 1929 konnte das neue Grassimuseum am Johannisplatz eingeweiht werden. Die zwingerartige Anlage im Art-déco-Stil war der bedeutendste Museumsneubau vor dem Zweiten Weltkrieg. Wegen der Fülle der Exponate sollten Sie sich für ein Museum entscheiden. *Täubchenweg 2 und Johannisplatz 5–11, Straßenbahnen 4, 7, 12, 15, Johannisplatz*

Museum für Kunsthandwerk: Die Dauerausstellung, in Zukunft wieder im Grassikomplex zu bewundern, zeigt europäisches Kunsthandwerk: Meißner Porzellan, Bestecke, Möbelstücke, Trachten oder Münzen vom Mittelalter bis zum Beginn des 20. Jhs. Design der Gegenwart spielt ebenfalls eine Rolle. Das hat Tradition: Die Grassimessen der 1920er- und 30er-Jahre galten als Tummelplatz der kunsthandwerklichen Avantgarde (Bauhaus). Einem hohen Qualitätsanspruch haben sich auch die aktuellen Grassimessen *(3. Wochenende im Okt.)* verschrieben, auf denen eine sehr persönliche Atmosphäre herrscht. *Interim: Neumarkt 20, Schaufensterausstellungen und Grassimessen*

Insider Tipp

Museum für Völkerkunde: Anschaulich, kurzweilig und phantasievoll ordnen sich hier die Kunst- und Alltagsobjekte zu einem Panorama der Völker aller Kontinente. Während des Interims zeigt das Museum auf 250 m² einen winzigen Teil seiner Schätze – von Bronzen aus dem Bereich des tibetischen Buddhismus bis zu Gedenkpfählen australischer Ureinwohner. Weltrundgänge führen nach der Rückkehr in die Grassi-Räume durch eine 4000 m² große Ausstellung. Der Bestand von fast 200 000 Objekten umfasst hauptsächlich den Zeitraum von 1870 bis 1930. Das Museum ging aus der »Culturhistorischen Sammlung« des Dresdner Oberbibliothekars Klemm hervor. *Interim: Grimmaische Str. 2–4 (Mädlerpassage), Di–Fr 10–18, Sa/So 10–17 Uhr, Eintritt 2 Euro, am 1. So im Monat frei*

★ *Musikinstrumentenmuseum:* Spezifisch für die Musikstadt Leipzig ist dieses Museum mit seinen rund 800 Instrumenten und Musikautomaten. Hier wird Musikgeschichte ab dem 16. Jh. erlebbar. Im Interim beschränkt es sich auf die Klangwelt der Renaissance, sonst lädt ein Klanglabor zum Experimentieren ein. Eine gewaltige Spende der Leipziger Universität ermöglichte es der Stadt, das Ensemble zu erwerben, dessen Ankauf sie 1905 schon einmal ausgeschlagen hatte. Damals erstand ein Kölner Fabrikant die Privatsammlung von Paul Wit. Zu den auffallendsten Instrumenten gehört ein Pyramidenflügel mit aufrecht stehenden Saiten. Der Leipziger Klavier- und Flügelbau bekommt mit renommierten Namen wie Blüthner viel Raum. »Überirdisches« hörten die Zeitgenossen des 19. Jhs. aus dem Klang der Glasharmonika (um 1800) heraus, die auch Beethoven oder Mozart beflügelte: Rotierende Glasschalen werden mit dem befeuchteten Finger zum Klingen gebracht. *Interim: Thomaskirchhof 20, Di–So 11–15 Uhr, Eintritt 3 Euro*

Hochschule für Grafik und Buchkunst **[100 B5]** Insider Tipp

Kunsttrends sehen, bevor sie in die Welt gehen: In der Galerie der HGB stellen Hochschüler wie renommierte Künstler aus. *Di–Fr 12–18, Sa 10–14 Uhr, Eintritt frei, Wächterstr. 11, Bus 89, Wächterstraße*

Kamera- und Foto-Museum **[113 D4]**

In einem kleinen Fachwerkhaus wird die Geschichte der Fotografie und Kameratechnik dargestellt. Der verstorbene Fotograf und Kamerahistoriker Peter Langner trug außergewöhnliche Fotografica zusammen, deren Prachtstück eine riesige Reprokamera von Hoh & Hahne

(1890) ist. Seit der Wiedereröffnung 1994 etablierte Kerstin Langner eine Galerie, die durch Ausstellungen anspruchsvoller Fotografie überzeugt. *Mi, Sa, So 13–17 Uhr, Eintritt 3 Euro, Gottschalkstr. 9, Anfahrt über B 87/B 6 Richtung Paunsdorf*

Kunsthalle der Sparkasse Leipzig **[100 B3]**
Sammlung mit 2000 Werken regionaler Künstler. Die Tradition der Leipziger Schule und junge Talente stehen im Mittelpunkt. *Di–Fr 15 bis 18, Sa/So 11–16 Uhr, Eintritt 2,50 Euro, Otto-Schill-Str. 4 a, Straßenbahn 9, Thomaskirche*

Mendelssohn-Haus **[101 E4]**
In dem Haus verbrachte der Komponist Felix Mendelssohn Bartholdy seine letzten beiden Lebensjahre (1845–47). Hier befindet sich die einzige erhaltene Wohnung des Komponisten, auf Initiative der Internationalen Mendelssohnstiftung als Gedenkstätte zugänglich. In drei Räumen sind Originalmöbel und Kunstgegenstände der Familie sowie Infos und Dokumente zu Leben und Werk des Künstlers zu sehen. Herzstück ist der großzügige Musiksalon im Biedermeierstil, in dem wie einst Insider Tipp Sonntagskonzerte stattfinden. Mendelssohn Bartholdy war eng mit Leipzig verbandelt: Schon als 26-Jähriger übernahm er die Leitung der Gewandhauskonzerte. *Tgl. 10–18 Uhr, Eintritt 3 Euro, Goldschmidtstr. 12, alle Straßenbahnen ins Zentrum, Augustusplatz*

Museum der bildenden Künste **[100 C2]**
★ Das Bildermuseum gehört zu den wichtigsten der Stadt. Das unterstreicht die zentrale Lage des kubusförmigen Neubaus auf dem Sachsenplatz. Von den weiten Kunstsälen im Unter- und Obergeschoss über Lichthöfe und schier unendliche Treppenhäuser bis in die Winkel kleiner Ausstellungsräume ermöglicht das Bildermuseum einen Streifzug durch die Kunstgeschichte von den Alten Meistern bis zur Gegenwartskunst. Die Bestände des Museums umfassen ca. 3000 Gemälde plus 55 000 Zeichnungen und druckgrafische Blätter! Einen Schwerpunkt bilden die Werke Lucas Cranachs d. Ä. Die flämische Malerei des 17. Jhs. ist mit Gemälden von Rubens und aus der Rubens-Werkstatt vertreten. Den Weg ins 20. Jh. markieren der Leipziger Künstler Max Klinger sowie Max Liebermann, Lovis Corinth, Oskar Kokoschka und Max Beckmann. Natürlich ist im Bereich der DDR-Kunst die Leipziger Schule vertreten, u. a. mit Werken von Wolfgang Mattheuer oder Bernhard Heisig. Neo Rauch spielt für die Gegenwartskunst eine herausragende Rolle. Außerdem hat BMW dem Museum die »AutoWerke« geschenkt, 75 Foto- und Videoarbeiten international anerkannter Künstler zum Thema Mobilität. Die zeitgenössische Kunst war den Museums-Gründervätern im Leipziger Kunstverein ein Herzensanliegen. 1848 eröffneten sie im Westflügel der Bürgerschule das erste Bildermuseum der Stadt. Nach dem Zweiten Weltkrieg war das Museum im ehemaligen Reichsgericht am Simsonplatz untergebracht. *Di, Do–So 10–18, Mi 12–20 Uhr, Eintritt 8 Euro (Sammlung und Wechselausstellung), am 2. So im Monat Eintritt frei, www.mdbk.de, alle Straßenbahnen ins Zentrum, Hauptbahnhof*

Wo der Kaffee süß duftet …

Museum und Kaffeehaus: Zum Coffe Baum

Eines der entzückendsten Fachmuseen Leipzigs und ein Denkmal für die Kaffeesachsen: Bei der hiesigen Vorliebe für den schwarzen Trunk kam es gerade recht, dass hier nach der Sanierung des traditionsreichen, alten Kaffeehauses (Ausschank seit 1711) 1999 das Kaffeemuseum einzog. Über enge Stiegen gelangen die Besucher ins dritte Stockwerk, wo in heimeligen Räumen die Geschichte des »Türkentranks« Gestalt gewinnt. Höhepunkte sind die originalgetreu nachgebildete orientalische Küche, die Kaffeemühlenschau und die Ritualgegenstände einer Leipziger Freimaurerloge. In der zweiten Etage können die Besucher in Wiener, Pariser oder arabischem Caféambiente ausspannen – eine gelungene Museumsmelange, ganz im Sinne der ebenfalls hier verewigten Bachschen Kaffeekantate: »Ey wie schmeckt der Coffee süße …«. *Tgl. 11–19 Uhr, Eintritt frei, Kleine Fleischergasse 4* **[100 C2]**, *Straßenbahn 9, Thomaskirche*

Insider Tipp

Museum in der »Runden Ecke« **[100 B2]**

Wendegeschichte in Reinkultur. In der Nacht zum 5. Dezember 1989 besetzten engagierte Bürger nach einer Montagsdemonstration das Stasigebäude am Dittrichring und machten der Angstherrschaft des DDR-Ministeriums für Staatssicherheit ein Ende. »Macht und Banalität« heißt die Ausstellung, die das Bürgerkomitee Leipzig in den nüchternen Amtsstuben des Überwachungsapparats eröffnete. In einem denkbar tristen Ambiente bewahren die Dokumente von Bespitzelung, Akteneinsicht und die Plakate ihren Charakter von »Indizien des Verbrechens«. Der Nachbau einer Zelle für politische Gefangene und Erläuterungen zum Gefängnisalltag lassen die Pein der Betroffenen nur ahnen. *Tgl. 10–18 Uhr, Eintritt frei, Dittrichring 24, Straßenbahn 9, Thomaskirche*

Sächsisches Apothekenmuseum **[100 C3]**

Fachmuseum über der ehemaligen Central-Apotheke (heute Café). Historische Apothekengeräte der letzten 150 Jahre. Die Besucher können nachvollziehen, wie sich Leipzig dank des Apothekers Willmar Schwabe (1839–1917), einem der Erfinder der Homöopathie, für eine Zeit lang zum Zentrum der Naturheilkunde entwickelte. *Di, Mi, Fr bis So 11–17, Do 14–20 Uhr, Eintritt 2,50 Euro, Thomaskirchhof 12, Straßenbahn 9, Thomaskirche*

Schillerhaus **[103 F3]**

Das Schild an der Fassade trügt: Hier schrieb Schiller 1785 nicht die Ode »An die Freude«. Er brachte einen ersten Entwurf zu Papier, vollendet hat er sie später in Dresden. Immerhin verbrachte Schiller in dem Dörfchen Gohlis fünf Monate glücklicher Sommerfrische, zu der ein glühender Verehrer eingeladen hatte: der Jurist und Schriftsteller Christian Gottfried Körner. Über die Leipziger Zeit, Schillers Freunde und die Rolle des Schillervereins informiert die Ausstellung. Sie wirkt durch die Atmosphäre des historisch genau restaurierten Bauernhauses von 1717, in dem der Dichter eine Stube im Obergeschoss bewohnte. Neben Manuskriptteilen (Schiller arbeitete hier am »Don Carlos«) ist auch eine seiner seidenen Westen zu sehen. Übrigens: Der spätere 1848er-Revolutionär Robert Blum gründete jenen Schillerverein mit, der das Häuschen in der Menckestraße als Schiller-Domizil ausmachte. Führungen und literarisch-musikalische Veranstaltungen. *April–Okt. Di–So 10–18, Nov.–März Mi–So 10–16 Uhr, Eintritt 2 Euro, Menckestr. 42, Straßenbahn 12, Fritz-Seger-Straße*

Stadtgeschichtliches Museum **[100 C3]**

Einen intimeren Anknüpfungspunkt an die Bürgertradition als das Museum im Alten Rathaus gibt es nicht. Die Dauerausstellung in den historischen Räumen im Hauptgeschoss beleuchtet Höhe- und Tiefpunkte Leipziger Geschichte von der Stadtwerdung bis zur Völkerschlacht. Glanzpunkte sind Festsaal und Ratsstube. Der 53 m lange Festsaal bildet noch heute den würdigen Rahmen für repräsentative Veranstaltungen der Stadt. Am Nordende ist die Renaissance-Musikempore erhalten, von der Stadtpfeifer zum Tanz aufspielten. Das Gesamtbild dominieren die Fürstenbilder und Porträts der Leipziger Stadtrichter. In der Ratsstube spielte sich die Arbeit zwischen Akten und Tintenfass ab. Von 1592 stammt der kostbare, intarsienverzierte Aktenschrank. Hier hängt das weltbekannte zeitgenössische Bachporträt des sächsischen Hof- und Ratsmalers Elias Gottlob Haussmann. Weitere Ausstellungshöhepunkte sind das großflächige, dreidimensionale Stadtbild von 1823, die Modelle des ursprünglichen Gewandhaussaales und der Alten Oper sowie der Ehering von Martin Luthers Frau Katharina von Bora. Sonderausstellungen im Neubau *(Böttchergässchen 3). Di–So 10–18 Uhr, Eintritt 3 Euro, Altes Rathaus, Markt 1, alle Straßenbahnen ins Zentrum, Goerdelerring*

Torhaus Dölitz **[111 E3]**

Um das malerische Torhaus des Herrensitzes Dölitz wurde in der Völkerschlacht 1813 hart gekämpft. Nur konsequent, dass die Zinnfigurensammlung auf Völkerschlacht und Befreiungskriege den Schwerpunkt setzt. Daneben gibt es kunstvoll bepinselte Figuren zur Stadtgeschichte zu sehen. Heute markiert das Torhaus nicht nur einen Eingang zum Erholungsgebiet *agra-Park*, es ist auch ein beliebter Ort für historische Biwaks. *Mi–So 10–17 Uhr, Eintritt 2,50 Euro, Helenenstr. 24, Straßenbahn 11, Leinestraße*

Insider Tipp

Völkerschlachtmuseum Forum 1813 **[109 E5]**

Am Fuß des beeindruckenden Völkerschlachtdenkmals können Besucher eintauchen in die kriegerische Zeit zwischen Französischer Revolution und Wiener Kongress. Das Museum für Stadtgeschichte hat 350 Objekte in Szene gesetzt: Originale Uniformen, Bücher, Münzen und Medaillen sind zu sehen. Das Schlachtgetümmel gegen Napoleons Heerscharen gewinnt Präsenz in einem 18 m^2 großen Schaubild, in dem 3600 Zinnfiguren um das Dorf Probstheida kämpfen. Schlaglichter fallen auch auf den Alltag abseits von Pulverdampf und Kanonendonner. *April–Okt. tgl. 10–18, Nov.–März tgl. 10–16 Uhr, Eintritt 2 Euro, Prager Straße, Straßenbahn 15, Völkerschlachtdenkmal*

Werkstätten und Museum für Druckkunst [107 D2]

★ Meilensteine in der Geschichte des grafischen Gewerbes: Schriftgießerei, Buchbindergeräte, Hand- und Tiegeldruckpressen sowie Zylinderdruck- und Setzmaschinen, darunter so komplizierte Gebilde wie Typograf und Linotype. Die seltenste der prachtvollen Handpressen ist eine englische Paragon (1832). Es riecht nach Farbe und Maschinenöl, denn hier wird noch gedruckt. Zu den Besonderheiten der Schriftgießerei gehört ein Satz Hieroglyphen. Aus alten Matrizen wie der berühmten Alten Schwabacher (16. Jh.) werden noch heute Bleilettern für den Handsatz gegossen. Wer die Hallen in Plagwitz durchstreift, bekommt von den Herren an den Maschinen fachkundig Auskunft. *Mo–Fr 10–17, So 11–17 Uhr, Eintritt 3 Euro, Nonnenstr. 38, Straßenbahnen 1, 2, Holbeinstraße; Linie 14, Nonnenstraße*

Zeitgeschichtliches Forum Leipzig [101 D3]

★ Zum 10. Jahrestag der friedlichen Revolution von 1989 öffnete das Zeitgeschichtliche Forum seine Pforten. Das Ausstellungs-, Dokumentations- und Informationszentrum regt zur Auseinandersetzung mit der Nachkriegsgeschichte an. Diktatur und Widerstand sind die Pole, zwischen denen multimedial Alltag und politische Historie in Szene gesetzt sind. Zu den Exponaten gehören Teile eines Fluchtautos, der alte Barkas (Lieferwagen), zum Gefangenentransport missbraucht, und Stücke der Berliner Mauer. *Di–Fr 9–18, Sa/So 10–18 Uhr, Eintritt frei, Grimmaische Str. 6, alle Straßenbahnen ins Zentrum, Augustusplatz*

Es lebe die »Rennpappe«: Minol-Trabant im Zeitgeschichtlichen Forum

Auf keinen Fall nur Allerlei

Große Konkurrenz unter den historischen Gasthäusern beschert kulinarische Genüsse

Das bekannteste Gericht der Messemetropole war lange Zeit kein Aushängeschild. Bei Leipziger Allerlei denken viele immer noch an eine Dose trüber Gemüsebrühe. Das konnten die Leipziger Gastronomen nicht auf sich sitzen lassen. Und seit in der Stadt ein Traditionslokal nach dem anderen wieder eröffnet, zeigen die Köche, dass sie mehr auf der Pfanne haben. Die Konkurrenz sorgt dafür, dass es selbst in der Innenstadt kaum Touristenfallen gibt. In der Regel stimmt das Preis-Leistungs-Verhältnis.

Die Sachsen mögen's richtig deftig oder richtig süß. Rotkraut mit Äpfeln und Klößen wird gern als heimische Küche aufgetischt, die bayerischen und thüringischen Einflüsse sind aber unverkennbar. Fleisch und Wild spielen eine wichtige Rolle. In rustikalen Wirtshäusern können Sie ruhig die Schlachteplatte bestellen, vorausgesetzt, Sie mögen Blut- und Leberwurst. Letztere wird in der Gohliser Gosenschenke sogar heiß serviert. Schon als Vorspeisen bieten die sächsisch orientierten Lokale Kräftiges: *Fettbemme* (Schmalzbrot) oder eine sämige, fein abgeschmeckte Kartoffelsuppe sind köstlich, lassen aber kaum Platz fürs Hauptgericht.

Das Kaiser Maximilian im Städtischen Kaufhaus lädt zum Dinner im Lichthof

Deftig: Hirschbraten mit Klößen

Ein Wort noch zum *Schälchen Heeßen*, das die Sachsen gern genießen. Nicht umsonst steht hier mit dem Coffe Baum eines der ältesten Kaffeehäuser der Welt. Gern wird der Kaffee auch unter freiem Himmel getrunken. Dafür stellen immer mehr Lokale Tische nach draußen. Dazu sagt man hierzulande Freisitz, und damit können ein Tisch und drei Stühle auf dem Bürgersteig genauso gemeint sein wie ein Biergarten. Für einen Snack gibt es an jeder Ecke Bratwurststände, doch statt sich »pommfrittisieren« zu lassen, haben sich die Sachsen zu Kebabliebhabern entwickelt. Internationale Vielfalt ist angesagt, im besten Sinne »Leipziger Allerlei«.

Gemütliche Bistroatmosphäre: Kümmelapotheke in der Mädlerpassage

CAFÉS & BISTROS

Alte Nikolaischule **[101 D3]**
Puristisch, licht; leckeres Essen und guter Wein in historischem Ambiente. *Kein Ruhetag, Nikolaikirchhof 2, Tel. 211 85 11, alle Straßenbahnen ins Zentrum, Augustusplatz*

Café Corsoela **[101 E5]**
In der Traditionskonditorei (seit 1912) kann man Leipziger Lerchen, Baumkuchen und Rosinenstollen kosten. *So Ruhetag, Brüderstr. 6, Tel. 960 31 11, Straßenbahnen 2, 8, 9, 10, 11, Wilhelm-Leuschner-Platz*

Café Grundmann **[107 F3]**
Das letzte echte Wiener Café in Leipzig mit seinen köstlichen Kuchen ist einen Abstecher in die Südstadt wert. *Timelunch* ab 11 Uhr: Das Tagesgericht wird billiger, je früher man bestellt. *Kein Ruhetag, August-Bebel-Str. 2, Tel. 222 89 62, Bus 89, Schenkendorfstraße*

Café Kandler **[100 C3]**
Zu DDR-Zeiten logierte hier das *Teehaus.* Noch immer gibt es neben den Kaffee- auch 90 Teespezialitäten. Kandler-Kreation ist der Bachtaler, eine süße Sünde mit Kaffeebohnen-Kern. *Kein Ruhetag, Thomaskirchhof 11, Tel. 213 21 81, Straßenbahn 9, Thomaskirche*

Coffee Culture **[101 D3]**
Paradebeispiel für die Coffee-Shop-Mode. Große Kaffeeauswahl an der Selbstbedienungstheke. Danach lässig im Sofa lümmeln! *Kein Ruhetag, Grimmaische Str. 8, alle Straßenbahnen ins Zentrum, Augustusplatz*

Frosch Café & Theater **[100 A2]**
Kinderfreundliches Nichtrauchercafé. Frisches Ambiente, gute Tortenauswahl. Abends feines Chanson- und Kabarettprogamm. *Kein Ruhetag, Thomasiusstr. 2/Ecke Jahnallee, Tel. 225 13 63, Straßenbahn 7, Leibnizstraße*

Kaffeehaus Riquet **[101 D3]**
★ Klassisches Kaffeehaus im Zeichen des Rüssels: Schon die Elefantenköpfe am Eingang erinnern an die Tradition des Kolonialwarenhauses Riquet & Co. Heute schlürfen Liebhaber »Elefantenkaffee« mit Likör und genießen den beflissenen Service der spitzenbesetzten Serviererinnen. *Kein Ruhetag, Schuhmachergässchen 1, alle Straßenbahnen ins Zentrum, Augustusplatz*

Kümmelapotheke **[100 C3]**
Das Essen ist hier nicht das Wichtigste, man kann sich auch satt sehen: An der Rotunde der Mädlerpassage liegt dieses kleine Refugium für Bummler. *Kein Ruhetag, Grimmaische Str. 2–4, Tel. 960 87 05, alle Straßenbahnen ins Zentrum, Goerdelerring*

Lotter & Widemann **[100 C3]**
Vom Freisitz unter den Rathausarkaden ist gut »Leute gucken«. Edles Café-Restaurant, benannt nach Hieronymus Lotter, dem Erbauer des Alten Rathauses; opulentes Kuchenbüfett. *Kein Ruhetag, Markt 1, Tel. 149 79 01, alle Straßenbahnen ins Zentrum, Goerdelerring*

Panorama **[101 D3]**
In schwindelnder Höhe (120 m) kann man einen Kaffee schlürfen und den Blick über Leipzig schweifen lassen. Aussichtsplattform. *Augustusplatz 9, City-Hochhaus, 29. Etage, tgl. 11–0 Uhr, alle Straßenbahnen ins Zentrum, Augustusplatz*

Paul **[100 B3]**
Bar, Café, Restaurant: Im Sommer können Sie den Kaffee auf der Terrasse über der Pleiße genießen. Kreative Speisekarte. *Kein Ruhetag, Otto-Schill-Str. 1, Tel. 224 84 58, Straßenbahn 9, Thomaskirche*

Pfeifers Eisdiele **[108 A4]** Insider Tipp
Bliemchen auf der Tapete und den Tischdecken: Bei Pfeifers ist die Zeit in den 1950ern stehen geblieben. *Sa geschl., Kochstr. 20, Straßenbahnen 10, 11, Arndtstraße*

MARCO POLO Highlights »Essen & Trinken«

★ **Auerbachs Keller**
Auf den Spuren von Dr. Faust (Seite 50)

★ **Gosenschenke »Ohne Bedenken«**
Traditionsadresse für das obergärige Bier (Seite 53)

★ **Kaffeehaus Riquet**
Klassisches Café mit spitzenbesetzten Damen und opulenten Torten (Seite 49)

★ **Schreber's Restaurant**
Urgemütlich speisen in der Kleingartenanlage (Seite 53)

★ **Zill's Tunnel**
Uriges Gasthaus mit sächsisch-raffinierter Küche (Seite 55)

★ **Barthels Hof**
»Heubraten« oder »Pfaffentiegel«: Allein das Lesen der Karte ist ein Genuss (Seite 51)

Faustische Tradition, bürgerliches Essen: Auerbachs Keller

Zum Arabischen Coffe Baum **[100 C2]**
Seit 1711 genießen hier die Sachsen ihr *Schälchen Heeßen*, und so gilt der Coffe Baum neben dem Pariser Procope als ältestes Kaffeehaus Europas (siehe Kasten S. 43). *Kein Ruhetag, Kleine Fleischergasse 4, Tel. 961 00 61, Straßenbahn 9, Thomaskirche, Bus 89, Markt*

RESTAURANTS €€€

Auerbachs Keller **[100 C3]**
★ Die Traditionsgaststätte überhaupt, die man nicht in erster Linie wegen des Essens, sondern der historisch gesättigten Atmosphäre wegen aufsucht: Unsterblich ist die Verbindung Faust/Auerbach; Faust-Gemälde verfolgen den Gast allerorten. Nur Mut zur Fasskellerzeremonie samt Hexenküche und Verjüngungstrunk (Anmeldung erforderlich)! *Kein Ruhetag, Historische Weinstuben So geschl., Mädlerpassage, Tel. 21 61 00, www.auerbachs-keller-leipzig.de, alle Straßenbahnen ins Zentrum, Goerdelerring*

Insider Tipp

La Cachette **[104 A5]**
In elegantem Jugendstil-Ambiente genießt man gern die gehobene, französisch geprägte Küche. Spezialität: Austernplatten. Terrasse an der Parthe. *So/Mo Ruhetag, Pfaffendorfer Str. 26, Tel. 562 98 67, Straßenbahn 12, Zoo*

L.A. Leipziger Allerlei **[109 D2]**
Das namengebende Traditionsgericht kommt hier in feinsten Variationen auf den Tisch. Erlesene, meist vegetarische Gerichte werden von einem zuvorkommenden Service präsentiert. Tipp: Wer reserviert, kann kostenlos sein Auto parken lassen. *Kein Ruhetag, Volckmarstr. 18, Tel. 224 75 17, Straßenbahn 15, Ostplatz*

Insider Tipp

Lusatia **[100 C2]**
Vom verfeinerten Sächsischen Kartoffelsüppchen bis zum gebratenen Bachsaiblingsfilet wird hier die hohe Kochkunst zelebriert. Gemütlicher Gastraum im ersten Stock des berühmten *Arabischen Coffe Baum. So Ruhetag, Kleine Fleischergasse 4, Tel. 961 00 60, Straßenbahn 9, Thomaskirche*

Piagor **[100 C5]**
Kulinarischer Einfallsreichtum gepaart mit kühlem französischem Charme – diese Mischung brachte dem Piagor einen ausgezeichneten Ruf ein. Hausgemachte Antipasti, Do Abendbüfett ab 12 Euro. *Kein Ruhetag, 14.30–18 Uhr geschl., Münzgasse 3, Tel. 149 47 78, Straßenbahnen 10, 11, Hohe Straße/LVB*

Restaurant im Stelzenhaus **[106 C2]**
Elegantes, gefragtes Restaurant in ehemaliger Lagerhalle. Toller Blick über den Karl-Heine-Kanal, im Sommer auch vom Biergarten aus. Beim Quicklunch gibt's feine Küche zu erschwinglichen Preisen. *Kein Ruhetag, Weißenfelser Str. 65 (Zugang über Industriestraße oder Kanalwanderweg), Tel. 492 44 45, Straßenbahn 3, Elsterpassage*

Schaarschmidts **[104 A2]**
Fühlen Sie sich wie zu Hause: Zwischen vollen Bücherregalen und liebevoll arrangiertem Nippes werden solide Gerichte serviert. Gute Weinauswahl. *Kein Ruhetag, Coppistr. 32, Tel. 912 05 17, Straßenbahn 4, S-Bahnhof Coppiplatz*

RESTAURANTS €€

Apels Garten **[100 B3]**
Sächsische Kartoffelsuppe, Sauerbraten oder Quarkkeulchen munden vortrefflich. Der Name erinnert an den Barockgarten des Manufakturisten Andreas Dietrich Apel. *So-Abend geschl., Kolonnadenstr. 2, Tel. 960 77 77, www.apels-garten.de, Straßenbahn 9, Thomaskirche*

Barthels Hof **[100 C2]**
★ Bringen Sie Zeit zum Lesen mit. Im »historischen Gasthaus seit 1497« spricht aus jeder Zeile der Karte Stolz auf die sächsische Küche. Die ist einfallsreich aufbereitet: Hinter »Pfaffentiegel« oder der »Burggrabenschlemmerei« stecken herzhafte Überraschungen. Im Sommer auch Freisitz. *Kein Ruhetag, Hainstr. 1, Tel. 14 13 10, www.barthels-hof.de, alle Straßenbahnen ins Zentrum, Goerdelerring*

Bayerischer Bahnhof Gasthaus & Gosebrauerei **[108 B2]**
Munter wie auf dem Bahnhof und trotzdem urgemütlich – so geht es zu unter den Arkaden und in der Gosestube, die mal ein Billett-Stempel-Büro war. In der Biersiederei wird die Original Leipziger Gose frisch gebraut. *Kein Ruhetag, Bayerischer Platz 1, Tel. 124 57 60, Straßenbahnen 2, 9, 16, Bus 60, Bayerischer Platz*

Brasserie Augustus **[101 D3]**
Ideal, um den Gewandhausabend bei einem Snack ausklingen zu lassen. Rotes Mobiliar und opulente Leuchten verströmen 20er-Jahre-Flair. Gute Weinauswahl; ab 18 Uhr große Frischfischtheke. *Kein Ruhetag, Augustusplatz 14, Tel. 960 96 03, alle Straßenbahnen ins Zentrum, Augustusplatz*

Da Vito **[107 D2]**
In einem schönen Innenhof an der Elster, mit eigener Anlegestelle und Gondel, empfiehlt sich das Restaurant mit Freisitz für einen Besuch zu zweit. Exklusive Lage, gute Küche. *Fr erst ab 18 Uhr, Nonnenstr. 11, Tel. 480 26 26, Straßenbahn 14, Nonnenstraße*

Insider Tipp

Don Giovanni **[106 B4]**
Das Leben spielt sich auf der Piazza ab: Mit Brunnen, Statuen und viel Grün weckt der Wintergarten italienische Gefühle. Große Pizzaauswahl, hausgemachte Pasta. *Kein Ruhetag, Schwartzestr. 1, Tel. 401 10 20, Straßenbahn 3, Schwartzestraße*

Forsthaus Raschwitz **[110 C2]**
Schönes Ausflugslokal zwischen Wildpark und Cospudener See. Die richtige Adresse für Hirschsteak und

Die Gourmettempel von Leipzig

Allee **[100 A1]**
Unter der Ägide Peter Niemanns tischt das Allee-Team gehobene Küche mit regionalen Akzenten auf. Raucher wissen die große Zigarrenkarte zu schätzen. Das Ambiente im Souterrainrestaurant ist eine Mischung aus modern und gemütlich. Schöne Terrasse. Menü ab 36 Euro. *Di–So ab 17 Uhr, Jahnallee 28, Tel. 980 09 47, Straßenbahnen 3, 4, 7, 15, Leibnizstraße*

Falco/Yamato **[104 B5]**
Zwei ausgezeichneten Restaurants im Hotel *The Westin Leipzig:* Das *Falco* bietet in edler Umgebung Genüsse für Gourmets, eine exklusive Weinkarte und den atemberaubenden Blick aus dem 27. Stock des Hotels. (Hauptgerichte ab 26 Euro). Das intimere *Yamato* zelebriert japanische Kochkunst. Die Köstlichkeiten vom Teppanyakigrill werden am Tisch zubereitet. (Menü ab 25 Euro). *Kein Ruhetag, Gerberstr. 15, Tel. 98 80, alle Straßenbahnen zum Hauptbahnhof*

Kaiser Maximilian **[101 D3]**
Das städtische Kaufhaus gibt die Kulisse, edel der Lichthof. Gut für ein gehobenes Mittagsmenü. Abends Gourmetmenü ab 40 Euro. *Kein Ruhetag, Neumarkt 9–19, Tel. 35 53 33 33, alle Straßenbahnen ins Zentrum, Augustusplatz*

Medici **[101 D3]**
Die wenigen Tische auf den beiden Ebenen des kleinen Gastraums sind schnell vergeben. Mediterrane Küche, aufmerksamer Service. Menü ca. 40 Euro. *So geschl., Nikolaikirchhof 5, Tel. 211 38 78, alle Straßenbahnen ins Zentrum, Augustusplatz*

Michaelis **[108 A2]**
Die Küche des Mittelmeerraums inspiriert die kulinarischen Kreationen im modern-dezenten Hotelrestaurant. Das Ganze serviert mit einer Prise saisonaler Überraschungen, voilà! Menü ab 25 Euro. *So geschl., Paul-Gruner-Str. 44, Tel. 267 80, Straßenbahnen 10, 11, Hohe Straße/LVB*

Stadtpfeiffer **[101 D3]**
Wer das kleine, traditionsreiche Restaurant im Gewandhaus wählt, entscheidet sich für die große kulinarische Expedition. Petra Jürgens und Detlef Schlegel holten mit ihrer Kochkunst den ersten Michelin-Stern nach Leipzig. Menü ab 40 Euro. *So geschl., Augustusplatz 8, Tel. 217 89 20, alle Straßenbahnen ins Zentrum, Augustusplatz*

Wildschweinbraten. Im Sommer sitzen Sie lauschig unter Kastanien und Platanen. Kinderspielplatz. *Kein Ruhetag, Koburger Str. 31, Tel. 356 88 80, Straßenbahn 9, Forsthaus Raschwitz*

Glashaus im Clara-Zetkin-Park **[107 E2]**
Ideal für die Pause im Grünen. Großer Freisitz mit volkstümlicher Atmosphäre, zum Teil Livemusik. Aus den beiden kleinen Rotunden

des Glashauses hat man auch im Winter einen herrlichen Blick in den Park. Beliebter Treff zum Sonntagsbrunch *(ab 9 Uhr). Kein Ruhetag, Karl-Tauchnitz-Straße, Tel. 962 78 73, Bus 89, Richard-Schumann-Straße*

Gosenschenke »Ohne Bedenken« [103 F3]
Insider Tipp ★ Hier füllt Gose die Gläser. Das obergärige Getränk wird seit 1730 in der Pleißestadt ausgeschenkt. Es erinnert an Berliner Weiße und wird mit Sirup oder Likör gemischt. Das Essen ist deftig, die Einrichtung rustikal. Biergarten unter alten Bäumen. *Tgl. 11–0 Uhr, Menckestr. 5, Tel. 566 23 60, www.gosenschenke.de, Straßenbahn 12, Fr.-Seger-Straße*

Insider Tipp **Kartoffelsack** [113 D3]
Gastfreundschaft in origineller Umgebung. Man landet in Omas guter Stube, die Knollengerichte sind lecker. *Mo–Fr ab 16, Sa/So ab 11 Uhr, Möckernscher Weg 1, Kleingärten zu Wiederitzsch, Tel. 521 42 77, Straßenbahn 4, Landsberger Straße*

Kitchen [108 B3]
So unkonventionell die Einrichtung, so respektlos geht der Koch mit Essgewohnheiten um. Phantasievolle Küche, Mittwochs *All-you-can-eat-*Büfett für 11 Euro. *Kein Ruhetag, Arndtstr. 46, Tel. 391 96 49, Straßenbahnen 10, 11, Südplatz*

Le Cochon [104 C5]
Très französisch: angeregte Gespräche, sehr gute Küche, egal ob Lamm oder Auflauf, gute Weine; reservieren! *So geschl., Rosa-Luxemburg-Str. 4, Tel. 961 77 25, Straßenbahnen 3, 8, Hofmeisterstraße*

Maha-Radscha [108 A4]
Indien ganz nah: Die Kellner in Nationaltracht geleiten den Gast in den geschnitzten Teakholzpavillon. Dann gehen die Geschmacksnerven auf Expedition. *Mo geschl., Tel. 302 90 22, Karl-Liebknecht-Str. 112, Straßenbahnen 10, 11, Karl-Liebknecht-/Richard-Lehmann-Straße*

Pata Negra [108 A3]
Hinreißend unkompliziertes Tapasrestaurant. Mediterrane Geschmacksverführung weit über die Vorspeisen hinaus. Im Hof kann man im Grünen entspannen. *Kein Ruhetag, Karl-Liebknecht-Str. 75, Tel. 306 71 03, Straßenbahnen 10, 11, Südplatz*

Rübesams Da Capo [106 B2]
Essen Sie doch mal im Museum: Glanzvolle Karossen und glänzende Bistroküche, das bringt das *Oldtimermuseum* unter ein Dach. Zum Sonntagsbrunch ab 10 Uhr unbedingt einen Tisch reservieren. *Mo geschl., Karl-Heine-Str. 105, Tel. 926 01 37, Straßenbahn 14, Gießerstraße*

Sakura Sushi Bar [100 B3]
Coole Baratmosphäre für Sushifans. Wer sich zu der Runde hinterm Schaufenster gesellt, wird mit frischen Fischvariationen auf Holzschiffchen belohnt. *Kein Ruhetag, Bosestr. 4, Tel. 962 85 17, Straßenbahnen 1, 2, Gottschedstraße*

Schreber's Restaurant [103 E6]
★ In einem turmgekrönten Fachwerkbau, einem Kleingartenvereinshaus von 1896, steckt diese urgemütliche Kneipe. Der Blick auf die Kreidetafel mit den Tagesangeboten lohnt. Rundum erstreckt sich

Leipziger Spezialitäten

Lassen Sie sich diese Köstlichkeiten gut schmecken!

Fettbemme – Für eine echte Vertreterin ihrer Art nehme man ein kräftiges Schweineschmalz, schmiere es großzügig auf dunkles Brot, streue etwas Salz und Pfeffer darüber, fertig!

Gose – Das obergärige Weißbier stammt wohl aus dem Harz, wo bei Goslar das Flüsschen Gose zu finden ist. Die Leipziger kamen schnell auf den Geschmack. Um 1730 wurde es zum ersten Mal in der Eutritzscher Gosenschänke angeboten. Heute genießt man es in der Gohliser Gosenschenke. Im Gasthaus Bayerischer Bahnhof wird Leipziger Gose gebraut.

Leipziger Allerlei – Dies Rezept empfahl Feinkosthändlerin Therese Niese anno 1887 den höheren Töchtern: Zubereitet aus frischem Gemüse, Morcheln, gefüllten Krebsnasen und Krebsschwänzen, mit Butter überträufelt und hübsch angerichtet, versetzt es jeden Feinschmecker in Verzücken.

Leipziger Lerchen – Die kleinen, massiven Törtchen bestehen zu einem Teil aus Mürbeteig und sind zum anderen mit Mandelmarzipan gefüllt. Diese kleinen Köstlichkeiten sind auch geeist äußerst zu empfehlen.

Leipziger Räbchen – Mit Marzipan gefüllte Pflaumen werden in einen Teig aus Bier, Öl, Zucker und Mehl getunkt und in Öl goldgelb gebacken, sodann in Zimt gewälzt und noch warm mit einem Schlag Sahne serviert – ein Fest für jede Naschkatze!

Quarkkeulchen – Eine typisch sächsische Süßspeise, die als Dessert oder als Hauptgericht auf den Tisch kommt. Bestandteile: Kartoffeln, Quark, Rosinen, Eier, Zimt und ein Schuss Cognac.

Sächsische Kartoffelsuppe – Die hiesige Kartoffelsuppe zeichnet sich vor allem durch ihre Konsistenz aus: Kartoffeln werden zusammen mit Wurzelwerk, Porree, Zwiebel und Bauchspeck gekocht. Danach püriert und mit Liebstöckel, Majoran, Thymian, Kümmel, Petersilie und Kräuteressig abgeschmeckt.

Würzfleisch – In feuerfester Form serviert, verbirgt sich unter einer knusprigen Käseschicht die lecker gewürzte Mischung aus Kalbsbraten und -zunge, vermengt mit Champignons und einer Sauce aus Crème fraîche und Zitronensaft; eine Note von Lorbeer und Gewürznelken kitzelt die Geschmacksknospen. Ideal als Zwischengericht.

die älteste Kleingartenanlage der Stadt (Mitte 19. Jh.). Schöner, großer Biergarten. *Okt.–März Mo geschl., Aachener Str. 7, Tel. 961 13 24, Straßenbahnen 1, 2, Marschnerstraße*

Seeterrasse Cospuden **[110 A6]**
Zauberhafte Sonnenuntergänge können Sie auf der Seewirt-Terrasse am Cospudener See erleben. Wer einen Tisch ergattert, wird mit herrlichen See-Ansichten belohnt. Kleine, feine Karte. *Kein Ruhetag, Hafenstr. 23, Tel. 354 26 83, Straßenbahn 9, Markkleeberg/Forsthaus Raschwitz, dann Bus 107, Zöbigker (Schmiede)*

Thüringer Hof **[100 C3]**
Tafeln wie Luther in den Kreuzgewölben des volkstümlichen Gasthauses. Im Sommer auch draußen. 1466 wird der Gasthof erstmals erwähnt, um 1890 ist der Thüringer Hof so bekannt wie das Münchner Hofbräuhaus. Im Zweiten Weltkrieg zerstört, 1993 nach alten Plänen rekonstruiert. Die richtige Adresse für Sauerbraten und Klöße. *Kein Ruhetag, Burgstr. 19, Tel. 994 49 99, www.thueringer-hof.de, alle Straßenbahnen ins Zentrum, Goerdelerring*

Zill's Tunnel **[100 C2]**
★ Sächsische Hausmannskost gewürzt mit Raffinesse. So behauptet sich das urige Gasthaus seit 1841. Probieren Sie das Leipziger Allerlei mit Morcheln und Flusskrebsen. Weinstube im Obergeschoss. Übernachtung im Apartment möglich. *Kein Ruhetag, Barfußgässchen 9, Tel. 960 20 78, www.zillstunnel.de, alle Straßenbahnen ins Zentrum, Goerdelerring*

RESTAURANTS €

Konrads **[107 F3]**
Die Karte bietet Interessantes jenseits vom kulinarischen Mainstream. Besonders zu empfehlen: die ungarisch angehauchten Gerichte; auch Suppen, Crêpes, Pastavariationen. *Kein Ruhetag, Körnerstr. 2, Tel. 462 69 95, Straßenbahnen 10, 11, Karl-Liebknecht-/R.-Lehmann-Straße*

Lembas **[100 A6]**
Vegetarisches Restaurant im gastronomisch neu erwachten Musikviertel. In lichter Umgebung begibt man sich auf exotisch-kulinarische Ausflüge bis nach Indien. *Kein Ruhetag, Beethovenstr. 21, Tel. 253 54 17, Bus 89, Mozartstraße*

Suppa Summarum **[100 C6]**
Da kann kein Suppenkasper Nein sagen: süß, scharf oder deftig, aber immer heiß und schmackhaft. Selbstbedienung; günstig die Terrine für vier Personen. *Kein Ruhetag, So ab 16 Uhr, Münzgasse 16, Tel. 149 49 74, Straßenbahnen 10, 11, Hohe Straße/LVB*

Volkshaus **[108 A2]**
Das Essen lädt zu einer kulinarischen Reise über die Kontinente ein. Gutes Brunchbüfett am So. *Kein Ruhetag, Karl-Liebknecht-Str. 30–32, Tel. 212 72 22, www.volkshaus-leipzig.de, Straßenbahnen 10, 11, Hohe Straße/LVB*

Zest **[108 B5]**
Originelle vegetarische Speisen gibt es in diesem jungen, netten Restaurant. Rundrum die alternative Szene der Südstadt. *Kein Ruhetag, Bornaische Str. 54, Tel. 231 91 56, Straßenbahn 11, Pfeffinger Straße*

Antiquitäten
Bier

City-Shopping

Mit flachen Schuhen und Entdeckerfreude zu Galerien, Modedesignern, Antiquariaten und Schnäppchenläden

In Leipzig gibt es nicht *die* Einkaufsstraße. Kleine Läden, Boutiquen und Fachgeschäfte verteilen sich über die ganze Innenstadt, und die Baustellen signalisieren: Hier tut sich was, denn mit jedem »geliften« Messehof, mit jeder sanierten Passage gewinnt die City ein architektonisches Juwel zurück und eine »Einkaufsmeile« dazu.

Mit flachen, bequemen Schuhen und Entdeckergeist kommen Sie am weitesten. Am besten lassen Sie sich treiben, bewundern die Auslagen in Barthels Hof oder suchen das Buch des Jahrhunderts im traditionsreichen Specks Hof. Jeder alte Messehof hat seinen eigenen Stil, entwickelt mit Cafés, Buchhandlungen oder Galerien ein eigenes Flair, und zuweilen weht hier tatsächlich ein Hauch von Mailand und Paris. Das gilt vor allem für die edle Mädlerpassage, in der Sie exklusive Mode genauso finden wie Süßigkeiten, Wein und Zigarren. Über die Grimmaische Straße als Ost-West-Achse durch die City bekommen Sie einen guten Überblick. Die Nikolaistraße hat sich mit jungen, trendigen Läden als pulsierende Ader Richtung Hauptbahnhof etabliert. Zudem lässt sich der Hauptbahnhof in den Einkaufsbummel einbeziehen. Viele Geschäfte lassen hier erst um 22 Uhr die Rollläden runter, und das Auto steht in beiden Bahnhofsparkhäusern sicher und günstig.

Es gibt sie noch: Zwischen trendy Läden laden Leipzigs Antiquitätengeschäfte zum Stöbern ein

Auch ein Souvenir aus der Messemetropole lässt sich finden. Wie wär's mit einem Kaffeepott zu Ehren der Kaffeesachsen? Den gibt's bei Kaffee Richter, einem eleganten Traditionshaus in der Petersstraße. Hier können Sie auch Goethe-Weinbrand und »Leipziger Bachpfeiffen« kaufen, eine süße Köstlichkeit mit Kaffeecreme. Im Thomasshop vor der Thomaskirche gibt es noch mehr Bach-Devotionalien. Das Völkerschlachtdenkmal im Kleinformat finden Sie im City-Souvenir-Shop, Specks Hof. Alles was gedruckt ist zum Thema Leipzig, hält der Leipzig-Laden No. 1 in den Rathausarkaden bereit. Die kleinen Museumsshops der Stadt sind echte Fundgruben, und Faust-Helden aus Meißner Porzellan gibt's im Fachgeschäft im Alten Rathaus. In Barthels Hof finden Sie in der Puppenklinik *Zsvita* entzückende Thomanerpuppen. Gut macht sich auch ein nostalgisches Stück DDR-Alltagskultur: Die roten und grünen Ampelmännchen auf T-Shirts oder als Lampen sind allerliebst!

Hutauswahl bei Kunth

ACCESSOIRES

Highlight **[101 D3]**
Alles rosarot oder sonnengelb – die richtige Sonnenbrille macht's: Designermodelle für Hipster. *Specks Hof, Reichsstr. 4, alle Straßenbahnen ins Zentrum, Augustusplatz*

Krawatten-Eck **[101 D3]**
Hier bekommen Sie das traditionelle Herrenanhängsel gediegen, als Kunstobjekt und in Spezialanfertigungen. *Specks Hof, Reichsstr. 4, alle Straßenbahnen ins Zentrum, Augustusplatz*

Kunth-Hüte **[101 D2]**
Für jeden Kopf gibt es hier einen passenden »Deckel«; dazu stilsichere Typberatung von der Modistin. *Strohsack-Passage, Nikolaistr. 6–10, alle Straßenbahnen ins Zentrum, Augustusplatz, Bus 89, Reichsstraße*

Schmuckwerk Hübener **[100 C3]**
Barbara Hübeners silberne Glanzstücke: jung, originell und made in Leipzig. *Altes Rathaus/Naschmarkt, Bus 89, Markt*

ANTIQUITÄTEN & ANTIQUARIATE

Grafikantiquariat Koenitz **[100 C3]**
Edel arrangiert: Originalgrafik, Ortsansichten, Künstlergrafik aus dem 16.–20. Jh. *Markt 1 (Rathausarkaden), Straßenbahnen 2, 8, 9, 10, 11, Wilhelm-Leuschner-Platz*

Kunstauktionshaus Leipzig **[104 A4]**
Hier lässt sich gut stöbern: liebenswerte Mischung aus betagtem Mobiliar, altem Besteck, mit Bedacht sortierten Büchern und vielem mehr. *Gohliser Str. 19, Tel. 59 08 80, www.kunstauktionshaus-leipzig.de, Straßenbahn 12, Nordplatz*

Leipziger Antiquariat **[101 D3]**
Buchkunst der DDR, präsentiert in einem historischen Haus, dem Roten Kolleg von 1891/92, umgeben von renovierter Gediegenheit. *Ritterstr. 16, alle Straßenbahnen ins Zentrum, Augustusplatz, Bus 89, Reichsstraße*

Sächsisches Auktionshaus und Antiquariat **[100 C3]**
Kein Geheimtipp, dafür gut sortiert und mit dem Ambiente einer alten Bibliothek. Und viele, viele Bändchen aus dem Insel-Verlag. *Markt 1 (Rathaus-Arkaden), Straßenbahnen*

2, 8, 9, 11, Wilhelm-Leuschner-Platz, Bus 89, Markt

GALERIEN

Baumwollspinnerei **[106 B2–3]**
Neun Galerien haben sich auf dem Gelände des ehemaligen Industriekomplexes von 1884 angesiedelt. Darunter die international renommierte Galerie *Eigen + Art* von Gerd Harry Lybke *(Halle 5, Di–Sa 11–18 Uhr)*, die *Dogenhaus Galerie (Halle 4, Di–Fr 12–17, Sa 11–14 Uhr)* oder die *maerzgalerie*, in der Torsten Reiter Malerie und Fotografie ausstellt *(Halle 6, Mi–Fr 14–18, Sa 11–14 Uhr)*. Skulpturen und Installationen zeigt der *Kunstraum B/2 (Halle 20, Mi–So 14–18 Uhr)*. Ausspannen vom Galerie-Hopping können Sie im *Cafégarten Mule. Spinnereistr. 7, Straßenbahn 14, Bus 60, S-Bahnhof Plagwitz*

Die Fälschergalerie **[101 D4]**
★ Cézanne, Klimt oder Spitzweg – in diesem Auftragsatelier können Sie sich ein »Original« anfertigen lassen. Oder Sie wählen aus den rund 500 Exponaten. *Neumarkt 29, Straßenbahnen 2, 8, 9, 10, 11, Wilhelm-Leuschner-Platz*

Galerie am Sachsenplatz **[100 C2]**
Traditionsadresse: Der Künstler Bernhard Heisig brachte 1973 die Galerie mit auf den Weg. Seitdem ein Forum für die Moderne: Leipziger Schule, Bauhaus. *Katharinenstr. 11, Di, Mi, Fr 13–18, Do 13–20, Sa 11–17 Uhr, alle Straßenbahnen ins Zentrum, Goerdelerring*

Galerie Schwind **[104 A4]**
Werke der Leipziger Schule an authentischem Ort: Die Galerie logiert im einstigen Wohn- und Atelierhaus des Leipziger Malers Werner Tübke. *Springerstr. 5, Straßenbahn 12, Nordplatz*

Kunstkaufhaus Leipzig **[106 C3]**
Malerei, Plastik und mehr: Zwischen rund 1200 Kunstwerken namhafter wie unbekannter Künstler haben Sie die Qual der Wahl. Er-

MARCO POLO Highlights »Einkaufen«

★ **Ganos Kaffee-Kontor & Rösterei**
Frisch gerösteten Kaffee trinken und kaufen (Seite 61)

★ **A Priori**
Glänzende Küchenhelfer und gute Weine (Seite 60)

★ **Scheinkraft**
Reif für den Laufsteg mit den Trendlabels (Seite 62)

★ **Die Fälschergalerie**
Lassen Sie sich Ihr »Original« malen (Seite 59)

★ **Leipzig-Laden No. 1**
Literarische Klassiker in Daumengröße (Seite 63)

★ **Seiffener Volkskunsterzeugnisse**
Große Auswahl an schönen Holzschnitzwaren (Seite 62)

schwingliche Druckgrafiken und Stiche. Wechselnde Ausstellungen. *Zschochersche Str. 79 e, Straßenbahn 3, Markranstädter Straße*

GESCHENKE & WOHNACCESSOIRES

A Priori **[100 B3]**
★ Alessi paletti. Chromglänzendes Kochbeiwerk, viel versprechende Weine und noble Gartenmöbel. *Gottschedstr. 12, Straßenbahnen 1, 14, Gottschedstraße*

Culton **[100 C5]**
Fundgrube für witzige Geschenke; hier leuchten die ostdeutschen Ampelmännchen aus dem Regal. Wer Mitbringsel gern ungewöhnlich verpackt und Edles aus Karton mag, sollte vorbeischauen. *Peterssteinweg 9, Straßenbahnen 2, 8, 9, 10, 11, Wilhelm-Leuschner-Platz*

Faszination **[101 D4]**
Ungewöhnliches Einrichtungshaus auf zwei Etagen: Ulrike Wittko stellt Erlesenes vom Holzspielzeug bis zum Badmöbel kreativ zusammen. Stöbern ist ein Augenschmaus. *Schillerstr. 5, Straßenbahnen 2, 8, 9, 11, Wilhelm-Leuschner-Platz*

Jenaer Glas-Shop **[100 C2]**
Hauchzarte Gläser, klassisch schön. Pfiffige Teekannen und vieles mehr. *Barthels Hof, alle Straßenbahnen ins Zentrum, Goerdelerring*

La Casa delle Cose **[101 D3]**
Gehobene internationale Wohnkultur im »Haus der Dinge«: Auf zwei Etagen zum Seufzen schöne Accessoires aus aller Welt. *Specks Hof, Reichsstr. 4, alle Straßenbahnen ins Zentrum, Agustusplatz*

Nalogo **[100 C5]**
Wohn-Schnickschnack mit internationalem Flair für den kosmopolitischen Geschmack: von afrikanischen Masken über mediterrane Möbel bis zu Kerzenhaltern aus Indonesien. *Petersstr. 3, Straßenbahnen 10, 11, Südplatz*

Bei A Priori gibt's Erlesenes für Küche und Garten

Swarovski Store [100 C3]
Es funkelt nur so: Geschenke, Schmuck und Wohnaccessoires aus Kristall. *Mädlerpassage, Bus 89, Markt*

KÖSTLICHKEITEN

Bears & Friends [100 C3]
Feinsten Fruchtgummi aus reinem Fruchtsaft und natürlichen Zutaten findet man in einer kleinen Seitengasse im Zentrum. Fundgrube für Gummi-Gourmets! *Sporergässchen 1, www.bears-friends.de, Straßenbahnen 2, 8, 9, 10, 11, Wilhelm-Leuschner-Platz*

Ganos Kaffee-Kontor & Rösterei [100 C5]
★ Die Sachsen lieben Kaffee bekanntermaßen sehr, also gibt's auch einen Laden, in dem die braune Bohne geröstet und zubereitet wird. Das internationale Angebot kann sich sehen lassen. *Wilhelm-Leuschner-Platz 9, Straßenbahnen 2, 8, 9, 10, 11, Wilhelm-Leuschner-Platz*

Gourmandise [100 C4]
Charmante französische Lebensart in Klein-Paris: Wein, Käse und mehr. Ausprobieren beim Café au Lait oder den kleinen Tagesgerichten. *Markgrafenstr. 5, Straßenbahnen 2, 8, 9, Neues Rathaus*

Halloren/ Schokoladen-Welt [101 D3]
Pralinés und feines Naschwerk aus Halle a. d. Saale: ob Halloren-Klassiker, Trüffel, Marzipankugeln und -stangen oder Fruchtmischungen – hier findet der Süßwarenfreund alles. *Nikolaistr. 10, www.halloren.de, alle Straßenbahnen ins Zentrum, Augustusplatz*

Kaffee Richter [100 C4] Insider Tipp
Holzgetäfelte Gediegenheit empfängt den Kaffee- und Teefreund. Hier gibt es süße Souvenirs wie die »Leipziger Bachpfeiffen« (Pralinés, gefüllt mit Kaffeecreme). *Petersstr. 43, Straßenbahnen 2, 8, 9, 10, 11, Wilhelm-Leuschner-Platz*

Maggi-Kochstudio [100 C4]
Gibt's wirklich! Zutaten und Gewürze für die schnelle Küche. Nostalgiker finden old fashioned Werbe-Blechschilder. Im Bistro gibt's die neuesten Suppen. *Petersbogen, Straßenbahnen 2, 8, 9, 10, 11, Wilhelm-Leuschner-Platz*

Mangiare [108 A3]
Bester italienischer Feinkostladen der Stadt, tolle Auswahl an Wurst und Käse. *Karl-Liebknecht-Str. 73, Straßenbahnen 10, 11, Südplatz*

KUNSTHANDWERK

Bürgelhaus [100 C3]
Schöne Auswahl der original thüringischen Bürgel-Keramik im typischen Blaudruck. *Könighauspassage, Bus 89, Markt*

Fachgeschäft für Meißner Porzellan [100 C3]
Vitrinen voller Kostbarkeiten, gute Beratung. *Markt 1 (Rathaus-Arkaden), Straßenbahnen 2, 8, 9, 10, 11, Wilhelm-Leuschner-Platz, Bus 89, Markt*

Galerie am Nikolaikirchhof [101 D3]
Keramik: Traditionelles und Modernes aus führenden Werkstätten. Im Untergeschoss Malerei und Objekte. *Ritterstr. 5, alle Straßenbahnen ins Zentrum, Augustusplatz*

Seiffener Volkskunsterzeugnisse [100 C3]
★ Räuchermännel, Weihnachtspyramiden, Schwibbögen und vieles mehr. *Altes Rathaus/Naschmarkt, Bus 89, Markt*

MÄRKTE

Wochenmarkt in der City Di und Fr im Salzgässchen, Sa in der Grimmaischen Straße, *jeweils 9–17 Uhr.* Insider Tipp Monatlich Nachtflohmarkt im Kohlrabizirkus: *16–0 Uhr,* Termine: *www.kohlrabizirkus-leipzig.de, An den Tierklinikiken 42* [108 C3], *Straßenbahn 16, An den Tierkliniken*

MODE & SCHUHE

Insider Tipp **Culton M** [100 C5]
Einkaufen wie unter Freundinnen. Statt »rein und raus aus den Klamotten«, kann man das Lieblingsteil in spe auf der Couch einsitzen und plaudern. *Peterssteinweg 7, Straßenbahnen 2, 8, 9, 10, 11, Wilhelm-Leuschner-Platz*

Designer Outlet Center/ Städtisches Kaufhaus [100 D3]
In Leipzigs prachtvollem, ältestem Messehaus hat sich das erste innerstädtische Designer Outlet Center (D.O.C.) Deutschlands eingemietet. Gant, Etro oder Stone Island zu Fabrikpreisen. *Neumarkt 9–19, Straßenbahnen 2, 8, 9, 10, 11, Wilhelm-Leuschner-Platz*

Die Graue Maus [108 A3]
Klare Linien mit witzigen Details zeichnen die Mode der Leipziger Designerin Maria-Gabriele Schenke aus. *Mo–Do ab 10 Uhr, Karl-Liebknecht-Str. 50, Straßenbahnen 10, 11, Südplatz*

Hautnah [101 D2]
Lack und Leder für den ganzen Körper und beileibe nicht nur für Fetischisten. *Nikolaistr. 12–14, www.hautnahmode.de, alle Straßenbahnen ins Zentrum, Hauptbahnhof*

Kookai [100 C2]
Fähnchen und Glamour in bewährtem Stil. Auf massiven Tischen findet sich zierliches Zubehör von Kookai Maison. *Barfußgässchen, Straßenbahn 9, Thomaskirche*

Mellory [101 D2]
Schuhe: Fundgrube vor allem für Fans von Camper, A.R.T. und diversen Sportschuhen. *Nikolaistr. 47–51, alle Straßenbahnen ins Zentrum, Hauptbahnhof*

Mrs. Hippie [108 A3]
Außen eher schmuddelig, innen kultig. Getragen von Räucherstäbchenduft schweben die Besucher durch die tücherverhangene Lagerhalle und schwelgen im bunten Klamottenangebot. *Karl-Liebknecht-Str. 36, Straßenbahnen 10, 11, Südplatz*

No polyester [100 B3]
Klare Linien in aufgeräumter Atmosphäre: Hier probiert man Mode aus Naturmaterialien wie Leinen, Hanf und Seide an, z. B. von den Labels Terre & Mer oder Natural Wave. *Gottschedstr. 12, Straßenbahnen 1, 14, Gottschedstraße*

Scheinkraft [101 D2]
★ Trendschau von den hippen Zentren dieser Welt – von Barcelona über Tokio bis New York: Mode, Schuhe, Schmuck und Haarschnitt. *Brühl 34–50, alle Straßenbahnen ins Zentrum, Hauptbahnhof*

Skoruppa **[100 C6]**
Gehobener Chic, edel präsentiert: City- und Abendmode. *Karl-Liebknecht-Str. 1, Straßenbahnen 10, 11, Hohe Straße*

Stoffwechsel **[100 C6]**
Textile Ideen deutscher und niederländischer Labels. Lässige Schnitte, natürliche Materialien. *Karl-Liebknecht-Str. 17, Straßenbahnen 10, 11, Hohe Straße/LVB*

Tarzan **[101 D3]**
Kunst für die Füße von angesagten Labels. *Nikolaistr. 16, alle Straßenbahnen ins Zentrum, Augustusplatz*

Silke Wagler **[100 C3]**
Weich fließende Träume aus Seide und Samt fertigt Silke Wagler in ihrem Atelier. *Thomaskirchhof 20, Straßenbahn 9, Thomaskirche*

MUSIK, COMICS, BÜCHER

Comic-Combo **[100 C6]**
Insider Tipp
Batman und die Abrafaxe, das DDR-Pendant zu Asterix, Seite an Seite. Riesige Manga-Auswahl. *Karl-Liebknecht-Str. 2, Straßenbahnen 10, 11, Hohe Straße/LVB*

Leipzig-Laden No. 1 **[100 C3]**
★ Wissenslücken in Sachen Leipzig oder Sachsen? Die Verlagsbuchhandlung Bachmann hat alles. Als Mitbringsel eignen sich literarische Klassiker in Daumengröße. *Markt 1, Rathaus-Arkaden, alle Straßenbahnen ins Zentrum, Goerdelerring*

Musikalienhandlung Oelsner **[101 D4]**
Nicht nur Bachnoten; die Musikalienhandlung von 1860 hat den besten Ruf und eine große Auswahl. *Schillerstr. 5, Straßenbahnen 2, 8, 9, 10, 11, Wilhelm-Leuschner-Platz*

Ohrakel **[101 D2]**
Secondhand-CDs und Vinylscheiben zum kleinen Preis. *Brühl 61, alle Straßenbahnen ins Zentrum, Hauptbahnhof*

Opus 61 **[101 D3]**
Was Sie wollen: Standardwerke der Klassik, ausgefallene Aufnahmen, Jazz und fachgerechte Beratung. *Nikolaistr. 19–21, alle Straßenbahnen ins Zentrum, Augustusplatz*

SPEZIELLES

Allerlei/Der DDR-Laden **[101 D2]**
In sozialistisch-nüchternem Interieur findet man kleine Trabis, rote Fassbrause und Alltagshelfer aus Plaste und Elaste. *Nikolaistr. 39, alle Straßenbahnen ins Zentrum, Hauptbahnhof*

Der Englandladen **[101 D3]**
Beim Stöbern entdeckt man Leckereien wie Kekse, Konfitüren, Tee und freut sich über Deko-Schafe in allen Variationen. *Neumarkt 9–19, Straßenbahnen 2, 8, 9, 10, 11, Wilhelm-Leuschner-Platz*

Peter Heinrichs Sächsische Pfeifenstube **[100 C5]**
Zigarrenliebhaber wie Fans der guten Pfeife werden hier fündig. *Peterssteinweg 5, Straßenbahnen 2, 8, 9, 10, 11, Wilhelm-Leuschner-Platz*

Polterbehr/Der Liebesladen **[100 C3]**
Insider Tipp
Herzliche, süße und kuriose Geschenke für Frischverliebte und Dauerliebende. *Thomaskirchhof 11, Straßenbahn 9, Thomaskirche*

RSTENHOF

Gut gebettet

Saniert, gestylt und manchmal mit Kunstgenuss: Bei der Hotelwahl haben Leipzigs Besucher gute Karten

Möchten Sie einmal übernachten wie Karl Marx im Hotel am Bayerischen Platz oder lieber wie Tennisstar Martina Navratilova im noblen Lindner? In jedem Fall werden Sie gut gebettet: Die mehr als 60 Hotels in der Stadt sind in der Regel neu erbaut oder saniert. Es gibt jede Menge Hotels mit einigem Komfort.

Allein rund um Bahnhof und Brühl wetteifert ein Dutzend Hotels um Gäste. In Messenähe sind moderne Hotelkästen aus dem Boden geschossen, in den Stadtteilen locken weniger spektakuläre Herbergen. Gut für den Geldbeutel: Selbst die gehobenen Hotels sind erschwinglich. Die meisten verfügen über Tiefgaragen oder Hotelparkplätze. Dafür fehlt zwischen Marmorbad und Faxanschluss zuweilen etwas anderes: die Tradition. Der Charme des Vergangenen ist oft entweder aufwändig wieder hergerichtet oder hat sich in neuzeitlichem Design verloren.

Zu Publikumsmessen boomt das Geschäft: Die Zimmerpreise schnellen in die Höhe, viele Häuser sind ausgebucht. Am Wochenende, wenn die Geschäftsleute abgereist sind, kehrt Ruhe ein. Da reicht man gern Sonderangebote über die Theke. Das gilt auch für die Monate Juli und August. Die Leipziger Hoteliers haben schwer zu rudern: Im Durchschnitt sind viele Häuser nur zu einem guten Drittel belegt. Also lassen sich die Leipziger Gastgeber etwas einfallen: Sonntagsbrunch z. B. oder man hängt Originale übers Bett und lädt zur Vernissage.

Klein und sehr fein: Der Fürstenhof empfängt die Gäste königlich

HOTELS €€€

Leipzig Marriott Hotel **[101 D2]**
Internationales Flair, opulente Einrichtung in Dunkelgrün und Bordeauxrot. Edles Frühstücksrestaurant mit Blick auf den Brühl. Wellnessbereich mit Schwimmbad, Whirlpool, Sauna. Trotz des First-Class-Ambientes bleibt die Atmosphäre locker: Im Bademantel mal kurz an die Rezeption – kein Problem. Auf US-Geschmack sind *Allie's American Grille* und die *Champions Bar* zugeschnitten. *231 Zi., 11 Suiten, Am Hallischen Tor 1, Tel. 965 30, Fax 965 39 99, www.marriott.de, alle Straßenbahnen ins Zentrum, Hauptbahnhof*

Seaside Park Hotel **[101 D2]**
★ Erstklassige Hotellerie hat an dieser Stelle Tradition: Zur Einweihung des Völkerschlachtdenkmals öffnete ein Grandhotel hier seine

Art déco in bester Lage – das Seaside Park Hotel

Pforten. Die Lage ist nach wie vor exzellent. Art déco schnörkelt sich durchs denkmalgeschützte Haus – vom Teppich bis zu den Lampen. Insider Tipp Im Souterrain speist man im *Steak Train*, während die Landschaft per Video vorbeigleitet. *288 Zi., Suiten, Boardinghouse-App., Richard-Wagner-Str. 7, Tel. 985 20, Fax 985 27 50, www.parkhotelleipzig.de, alle Straßenbahnen ins Zentrum, Hauptbahnhof*

Victor's Residenz-Hotel **[101 E2]**
★ Hinter der denkmalgeschützten Jugendstilfassade verbirgt sich ein First-Class-Hotel. Gegenüber vom Leipziger Hauptbahnhof nächtigt man direkt am Puls der Stadt. In den stilvollen Zimmern wird man vom Straßenlärm aber trotzdem nicht gestört. *97 Zi., 4 Suiten, Georgiring 13, Tel. 686 60, Fax 686 68 99, www.victors-leipzig.bestwestern.de, alle Straßenbahnen ins Zentrum, Hauptbahnhof*

HOTELS €€

Accento **[113 D4]**
Portitz liegt nicht gerade am Puls der Stadt, ein Hotel im Nordosten muss sich was einfallen lassen. Das ist Leipzigs einzigem Pop-Art-Stilhotel gelungen: Farben, Formen, Muster. *113 Zi., 3 Suiten, Tauchaer Str. 260, Tel. 926 20, Fax 926 21 00, www.accento-hotel.de, Straßenbahn 9, Thekla, Bus 81, 82, Wodanstraße*

Adagio **[101 E5]**
Gründerzeithaus im Plattenbauviertel, zentral, nahe Innenstadtring. Einfaches Hotel mit nettem Freisitz im Hof. *32 Zi., 2 App., Seeburgstr. 96, Tel. 21 66 90, Fax 960 30 78, www.hotel-adagio. de, Straßenbahnen 4, 7, 12, 15, Johannisplatz*

Breitenfelder Hof **[113 D3]**
Hier entspannen nicht nur Tagungsgäste: Die Villa im 5 ha großen, hoteleigenen Park zeigt Stil. Gute Kü-

che im *Gustav's*, geschmackvoll eingerichtete Zimmer und für den Extrakick gibt's einen Hochseilpark. *75 Zi., Lindenallee 8, Tel. 465 10, Fax 465 11 33, www.breitenfelderhof.de, S 10, Bahnhof Wahren, dann Bus 87, Lindenallee*

Galerie Hotel Leipziger Hof **[105 D5]**
Im denkmalgeschützten Gründerzeithaus bekommt man Bilder ans Herz gelegt: 200 Gemälde hängen in Gängen und Zimmern. Darunter Werke berühmter Leipziger wie Mattheuer oder Tübke, aber auch Bilder junger Künstler. Mit Glück bekommen Sie eines der geräumigen Zimmer unterm Dach. *72 Zi., 4 App., Hedwigstr. 1–3, Tel. 697 40, Fax 697 41 50, www.leipziger-hof.de, Straßenbahnen 1, 3, Einertstraße*

Insider Tipp

Hotel im Sachsenpark **[113 D3]**
Zur Neuen Messe ist es nur ein Katzensprung. Und so ist das Haus in seiner kühlen Eleganz vor allem auf Geschäftsleute eingerichtet. Der Komfort samt Sauna lässt sich außerhalb der Messezeiten am günstigsten nutzen. *112 Zi., Walter-Köhn-Str. 3, Tel. 525 20, Fax 525 25 28, www.sachsenparkhotel.de, Straßenbahn 16, Messegelände*

Hotel Michaelis **[108 A2]**
★ Herrschaftlich saniertes Haus (Baujahr 1907) in einer Seitenstraße der Kneipen- und Einkaufsmeile Karl-Liebknecht-Straße. Freundlich, hell, ausgezeichnete Küche, im Sommer Terrasse. *59 Zi., Paul-Gruner-Str. 44, Tel. 267 80, Fax 267 81 00, www.hotel-michaelis.de, Straßenbahnen 10, 11, Hohe Straße/LVB*

Leonardo – Hotel und Residenz **[108 A5]**
Komfortabler Neubau im Süden, günstig gelegen für alle, die außer Sightseeing auch Erholung, z. B.

MARCO POLO Highlights »Übernachten«

★ **Victor's Residenz-Hotel**
Hinter Jugendstilfassade ein First-Class-Hotel im Herzen der Stadt (Seite 66)

★ **Hotel am Bayrischen Platz**
Hier fühlte sich schon Karl Marx wohl, doch keine Angst: Sie werden bürgerlich weich gebettet (Seite 70)

★ **Hotel Michaelis**
Klassisches Ambiente, gute Lage, persönlicher Stil (Seite 67)

★ **Lindner Hotel Leipzig**
Erschwinglicher Luxus nahe der grünen Lunge Leipzigs (Seite 68)

★ **Seaside Park Hotel**
Art déco vom Teppich bis zur Lampe – plus Menü im virtuellen Steak Train (Seite 65)

★ **Am Völkerschlachtdenkmal**
Zünftiges Haus mit Familientradition am Koloss von Leipzig (Seite 70)

Leipziger Luxushotels

Hotel Fürstenhof [100 C1]
Exklusivität auf kleinem Raum, illustre Gäste: Richard von Weizsäcker, Sophia Loren, Tina Turner u. a. Der Bankier Löhr ließ sich 1770 das Palais errichten, 1889 empfing hier erstmals der Fürstenhof Gäste. Sehenswert der prunkvolle Serpentinsaal von 1865, original mit dem »Marmor der sächsischen Könige« wieder hergestellt. Der Pool ist in eine Felslandschaft eingebettet. *92 Zi., EZ ab 145, DZ ab 170 Euro, Tröndlinring 8, Tel. 14 00, Fax 140 37 00, www.luxury-collection.de/fuerstenhof, alle Straßenbahnen ins Zentrum, Goerdelerring*

Renaissance Leipzig Hotel [101 E3]
Großzügigkeit und eine lässige Geschäftsmäßigkeit bestimmen die Atmosphäre des Hotels in Opernnähe. Angenehmer Wellnessbereich. *356 Zi. inkl. 61 Juniorsuiten, EZ ab 110, DZ ab 100 Euro, Großer Brockhaus 3, Tel. 129 20, Fax 129 28 00, www.marriott.de, alle Straßenbahnen ins Zentrum, Augustusplatz*

The Westin Leipzig [101 D1]
Die Großen aller Branchen checken hier ein. Ab Stock 24 entfaltet sich Luxus pur: Suiten mit Whirlpool, Balkon und toller Aussicht. Übrigens: Der Wellnessbereich hat einen sehr großen Swimmingpool! Im 27. Stock genießen Sie im Gourmetrestaurant *Falco* den atemberaubenden Blick über die Stadt. Über 800 Weine, leichte Küche (Hauptgericht ab 26, Menü ab 100 Euro). *447 Zi. und Suiten, EZ/DZ ab 108, Suiten ab 250 und Deluxe-Suiten ab 350 Euro, Gerberstr. 15, Tel. 98 80, Fax 988 12 29, www.westin.com/leipzig, alle Straßenbahnen ins Zentrum, Hauptbahnhof*

Spaziergänge im Ratsholz, einplanen. Greenfee-Ermäßigung im Golfclub Noitzscher Heide. *50 Zi., 14 App., 3 Suiten, Windscheidstr. 21 bis 23, Tel. 303 30, Fax 303 35 55, info@hotel-leonardo.de, Straßenbahnen 9, 10, 11, Connewitzer Kreuz, Bus 89, Gustav-Freytag-Straße*

Lindner Hotel Leipzig [102 A5]
★ Hier übernachten (nicht nur) die Promis. Das Lindner im exklusiven Wohnviertel Leutzsch hat einen ausgezeichneten Ruf. Das Restaurant *Am Wasserschloss* ist vom »Feinschmecker« prämiert. Den kostenlosen Fahrradverleih sollte man nutzen, um das reizvolle Auenwald-Gebiet zu erkunden. *200 Zi., 22 App., Hans-Driesch-Str. 27, Tel 447 80, Fax 447 84 78, www.lindner.de, Straßenbahn 7, Leutzscher Rathaus*

Mercure Hotel Leipzig Am Augustusplatz [101 E3]
Moderner, zweckmäßiger Hotelbetrieb. Gute Lage am Augustusplatz, angenehme Atmosphäre, vernünftiges Preis-Leistungs-Verhältnis. *283 Zi., Augustusplatz 5/6, Tel. 214 60, Fax 960 49 16, www.hotel-mercure-leipzig.de, alle Straßenbahnen ins Zentrum, Augustusplatz*

Mercure Hotel Leipzig Am Johannisplatz **[108 C1]**
Exklusives Haus mit allen Annehmlichkeiten seiner Klasse: Whirlpool, Sauna, Sonnenbänke. Auch das *Mercure* schmückt sich mit Kunst. Die Lage im Grafischen Viertel ist günstig für Kulturtouristen: Grassimuseum, Mendelssohn-Haus, Gewandhaus und Oper sind nahe. *174 Zi., Stephanstr. 6, Tel. 977 90, Fax 977 91 00, www.accorhotels.com, Straßenbahn 15, Johannisplatz*

Merseburger Hof **[102 A6]**
Über eine Wendeltreppe steigt man ins Türmchen des neoklassizistischen Gebäudes und bekommt einen tollen Blick über Leipzig. Familie Hertwig hat das Haus dezent möbliert. *50 Zi., Merseburger Str. 107, Tel. 477 44 62, Fax 477 44 13, Straßenbahn 7, Georg-Schwarz-/Merseburger Straße*

Novotel Leipzig City **[101 D2]**
Kinderfreundliches Stadthotel. Behinderten- und Nichtraucherzimmer. Praktisch für den Kulturtrip die Nachbarschaft zu Oper und Gewandhaus. Das Restaurant *Le Jardin* bietet französische Küche. *200 Zi., 17 App., 2 Suiten, Goethestr. 11, Tel. 995 80, Fax 995 82 00, 1784@accor.com, alle Straßenbahnen ins Zentrum, Hauptbahnhof*

Parkhotel Diani **[109 F6]**
Von der Jugendstilvilla nahe des Bruno-Plache-Stadions ist man im Handumdrehen am Völkerschlachtdenkmal oder im Park Lößnig-Dölitz. *69 Zi., Connewitzer Str. 19, Tel. 867 40, Fax 867 42 50, www.parkhotel-diani.de, Straßenbahn 15, Probstheida*

Vivaldi Hotel Leipzig **[104 B2]**
Mittelklassehotel, nicht im schönsten Teil Leipzigs, aber noch zentral gelegen. Kleine, schöne Zimmer zu soliden Preisen. *105 Zi., Wittenberger Str. 87, Tel. 903 60, Fax 903 62 34, www.hotel-vivaldi.de, Straßenbahnen 14, 16, Eutritzscher Zentrum*

Stilvolles Ambiente bietet das Restaurant Mona Lisa im Hotel Leonardo

HOTELS €

Am Ratsholz **[106 B6]**
Modernes Haus mit geräumigen Zimmern, jeweils mit Cafébar und Kleinküche, Sauna im Haus. Ca. 15 Min. Straßenbahnfahrt in die City. *113 Zi., Anton-Zickmantel-Str. 44, Tel. 494 45 00, Fax 494 45 55, www.hotel-am-ratsholz.de, Straßenbahn 3, Gerhard-Ellrodt-Straße*

Am Völkerschlachtdenkmal **[109 E4]**
★ Der historische Gasthof wurde am Tag der Einweihung des Völkerschlachtdenkmals (18. Okt. 1913) von Familie Berneiser eröffnet. Nach der Wende wurde das Hotel liebevoll im alten Stil restauriert. Für die Nachbarschaft zum Denkmal kann man die Lage an der viel befahrenen Prager Straße in Kauf nehmen. *26 Zi., 3 App., Prager Str. 153, Tel. 22 47 70, Fax 224 77 15, www.voelkerschlacht.com, Straßenbahn 15, Völkerschlachtdenkmal*

Balance Hotel Leipzig – Alte Messe **[109 E4]**
Viel Raum bietet das Neubauhotel in Stötteritz. Eine Oase der grüne Innenhof, in dem man im Sommer frühstücken kann. Nettes Extra: Hotelgäste erhalten ein Nahverkehrsticket. *126 Zi., Breslauer Str. 33, Tel. 867 90, Fax 867 94 44, www.balancehotel-leipzig.de, Straßenbahn 4, Breslauer Straße*

Best Western Hotel Windorf **[106 B6]**
Wer sich abends gern aus dem Citytrubel verabschiedet, ist hier richtig. Wintergartenrestaurant; im Sommer gibt's Deftiges im Garten. *90 Zi., Ernst-Meier-Str. 1, Tel. 427 70, Fax 427 72 22, www.windorf.bestwestern.de, Straßenbahn 3, Gerhard-Ellrodt-Straße*

Flair-Hotel Alt Connewitz **[108 B5]**
Kleines Hotel in einem sanierten 1930er-Jahre-Haus am südlichen Stadtrand, das Siegrun Kießling mit Charme führt. Rustikales Ambiente, Restaurant. *33 Zi., Meusdorfer Str. 47a, Tel. 301 37 70, Fax 301 38 00, www.flairhotel.com/connewitz, Straßenbahn 11, Pfeffinger Straße, Linie 9, Koburger Brücke*

Hotel am Bayrischen Platz **[101 E6]**
★ Hier haben schon Karl Marx und seine Tochter genächtigt. In Erinnerung daran wurde extra ein »Marx-Zimmer« mit historischen Möbeln eingerichtet. Abgesehen davon nächtigen die Gäste in edlem Ambiente in Blau und Gold. *Paul-List-Str. 5, Tel. 14 08 60, Fax 140 86 48, Straßenbahnen 2, 9, 16, Bayrischer Platz*

Inside Tipp

Hotel Garni **[108 C1]**
Günstig, citynah und viel Platz in den Appartements: So lässt sich's in einem sanierten Plattenbau komfortabel logieren. Fahrradverleih. *72 Zi., Gerichtsweg 12, Tel. 127 80, Fax 127 87 00, Straßenbahnen 4, 7, Gerichtsweg*

Hotel Ibis Leipzig Zentrum **[101 D2]**
Die Lage nahe Oper, Bahnhof und Marktplatz ist ideal; moderate Übernachtungspreise. Kleine Zimmer bieten alles Notwendige. *126 Zi., Brühl 69, Tel. 218 60, Fax 218 62 22, www.ibishotel.com, alle Straßenbahnen ins Zentrum, Hauptbahnhof*

Hotel Markgraf [108 A3]
Die Nähe zur Kulturmeile Süd mit ihren Kneipen und Läden ist hier nicht zu spüren. Das familiär geführte Hotel lädt zum Entspannen ein. Ansprechend die Wintergartenatmosphäre im Frühstücksrestaurant sowie die Sommerterrasse. *49 Zi., 5 App., Körnerstr. 36, Tel. 30 30 30, Fax 303 03 99, www.markgraf-leipzig.de, Straßenbahnen 10, 11, Südplatz*

Hotel de Saxe [104 A4]
Im schönen Stadtteil Gohlis wird sächsische Gemütlichkeit gepflegt. Das Gohliser Schlösschen oder die Gaststätte *Gosenschenke* sind leicht zu erreichen. Geschmackvoll eingerichtete Zimmer, Fahrradverleih. *33 Zi., Gohliser Str. 25, Tel. 593 80, Fax 593 82 99, Straßenbahn 12, Fritz-Seger-Straße*

Kosmos-Hotel [100 B3]
Umwerfend originell. Jedes Zimmer ist anders gestaltet und ausgemalt: Insider Tipp Übernachten Sie mit Filmikone Marilyn Monroe, wie in 1001 Nacht, im Dschungel oder, oder ... Die liebevolle Gestaltung macht das manchmal etwas angejahrte Mobiliar wett. Beste Lage im Schauspielviertel. *24 Zi., Gottschedstr. 1, Tel. 233 44 22, Fax 233 44 21, www.kosmos-hotel.de, Straßenbahn 9, Thomaskirche*

Prodomo [104 B1]
Weiß ist die vorherrschende Farbe in den hellen, modernen Räumen des Hotelneubaus. Prodomo bietet schnörkellosen Komfort, Nichtraucherzimmer. *65 Zi., 12 Maisonettesuiten, Gräfestr. 15, Tel. 903 50, Fax 903 51 13, Straßenbahn 16, Mosenthinstraße*

Ratskeller Plagwitz [107 D2]
Gründerzeithaus in Plagwitz nahe der Nonnenstraße, wo in ehemalige Industriebauten Kneipen und Restaurants eingezogen sind. *28 Zi., Weißenfelser Str. 10, Tel. 48 75 80, Fax 48 75 82 01, Straßenbahn 3, Elsterpassage*

FÜR JUNGE LEUTE

Central Globetrotter [101 D1]
Backpacker-Hostel am Hauptbahnhof, geführt vom bewährten *Sleepy Lion*-Team. Sie übernachten in 2- bis 8-Bett-Zimmern. *18 Zi., Kurt-Schumacher-Str. 41, Tel. 149 89 60, Fax 149 89 62, www.globetrotter-leipzig.de, Straßenbahnen 1, 9, Hauptbahnhof Westseite*

Hostel Sleepy Lion [100 B2]
Jugendhotel beim Szeneviertel an der Gottschedstraße. 60 Betten in Einzel-, Doppel- und Mehrbettzimmern. *Käthe-Kollwitz-Str. 3, Tel. 993 94 80, Fax 993 94 82, www.hostel-leipzig.de, Straßenbahnen 1, 14, Gottschedstraße*

PRIVATUNTERKÜNFTE

Bed and Breakfast [101 D2]
Privatzimmer, auch für eine Nacht. Ab 20 Euro können Sie bei gastfreundlichen Leipzigern nächtigen. *Leipzig Tourist Service, Richard-Wagner-Str. 1, Tel. 710 42 65, Fax 710 42 71, Zimmer@LTS-Leipzig.de*

Mitwohnzentrale am Hauptbahnhof [101 D2]
Angebote ab 3 Tagen Aufenthalt 15 bis 35 Euro pro Person und Nacht. Vermittlungsgebühr 25 Prozent des Tagespreises. *Goethestr. 7–10, Tel. 980 50 00, 194 30, Fax 980 50 01*

Endlich wird die Nacht zum Tag

Nachtschwärmer genießen Cocktails und Kabarett im Schatten von Oper und Gewandhaus

Egal, ob Sie einen Cocktail im Waschsalon trinken möchten, ein Pointenfeuerwerk im Kabarett bevorzugen oder die große Gala im Gewandhaus: In Leipzigs Nachtleben ist so ziemlich alles möglich. Nicht einmal auf das Sommerloch ist Verlass: Längst wird es mit Openairaufführungen der Schauspielszene gefüllt. Und die Musikstadt wird ihrem Ruf ganzjährig mit Konzerten gerecht. Für Leipzigs Vergnügungssüchtige gibt es drei Konstanten: den Drallewatsch zwischen Markt und Dittrichring, das Schauspielviertel in der Gottschedstraße und die Kulturmeile Süd auf der Karl-Liebknecht-Straße. Im Barfußgässchen kann man im Sommer zwischen den unzähligen Tischen und Stühlen die Übersicht verlieren. Im Schauspielviertel gehörte das *Maga Pon* mit seinem Waschsalonflair lange zu den Geheimtipps. Rundum öffneten Bars, Bistros, Cafés für jede Tageszeit. Auf der Südmeile haben sich Leipzigs Kulturpioniere angesiedelt, z. B. im Club-Urgestein *naTo*, wo Kleinkunst und ein exzellentes Kinoprogramm geboten werden. Zwischen Münzgasse und

Leipzigs Oper hat einen guten Namen im ganzen Land

Spanien in Leipzig: BarCelona

Connewitzer Kreuz fällt man von einer Kneipe in die nächste. Außerdem leisten sich die Sachsen die Freiheit einer nur einstündigen Sperrstunde (5–6 Uhr). Nur bei den Freisitzen ist man strenger: Gegen 22 Uhr wird abkassiert, den schlafbedürftigen Nachbarn zuliebe. Für Nachtschwärmer geht's dann erst los, in vielen Clubs braucht man vor 23 Uhr gar nicht aufzukreuzen.

Wer in Leipzig ausgeht, kommt an den Kulturleuchttürmen nicht vorbei: Oper und Gewandhaus stehen sich am Augustusplatz mit vorzüglichen Programmen gegenüber. Das Schauspiel Leipzig jongliert gleich auf mehreren Bühnen mit leichter Kost und tiefgründigen Klassikern. Publikumsmagnet für alle Generationen ist die traditionsreiche, freche, politische und stark sächsisch gefärbte Kabarettszene.

Teuflische Versuchung: Mephisto-Bar in der Mädlerpassage

BARS & CASINO

BarCelona **[100 B3]**
★ Spanische Gefühle in erdig brauner Schlauchbar. Am Tresen legt einem der Koch vom Vorspeisenbüfett den Süden auf die Zunge. *Gottschedstr. 12, Tel. 212 61 28, Straßenbahnen 1, 14, Gottschedstraße*

Casino Petersbogen **[100 C4]**
Lassen Sie Tokens springen: Alles ganz amerikanisch gestylt, über 100 Spielautomaten. *Tgl. ab 14 Uhr, feiertags geschl., Petersbogen, Straßenbahnen 2, 8, 9, 10, 11, Wilhelm-Leuschner-Platz*

Chocolate **[100 B3]**
Stimmungsvolle Nobelbar, Teelichter beleuchten die Natursteinwände. Wer am Türsteher vorbei will, braucht schickes Outfit. *Tgl. ab 18 Uhr, Gottschedstr. 1, Tel. 225 27 27, Straßenbahn 9, Thomaskirche*

Leipzigbar **[101 D3]**
Zur Mittagspause, beim Einkaufsbummel, nach dem Büro oder der Vorlesung: Die Bar mit Loungemusik gilt zu jeder Zeit als schicke Adresse. *Kein Ruhetag, Neumarkt 9 bis 19, Tel. 225 57 14, Straßenbahnen 2, 8, 9, 10, 11, Wilhelm-Leuschner-Platz*

Luccabar **[100 C3]**
Etwas abseits der Kneipenmeilen liegt dieses Tramezzini-Paradies. Schon ab 8 Uhr werden die stilvoll mediterranen Sandwiches serviert. Abends wird der schlauchartige Gastraum oft richtig voll. *Kein Ruhetag, Ratsfreischulstr. 10, Tel. 225 56 77, Straßenbahnen 2, 8, 9 und Bus 89, Neues Rathaus*

Mephisto-Bar **[100 C3]**
Faustisches Flair mit rotem Interieur und Theaterfotos lockt zu Kuchen und Cocktails. *Kein Ruhetag, Mäd-*

lerpassage, Tel. 21 61 00, Straßenbahnen 2, 8, 9, 10, 11, Wilhelm-Leuschner-Platz

Pazzo **[108 A2]**
So bunt und fröhlich wie die vom Leipziger Künstler Michael Fischer-Art gestaltete Fassade kommt auch das Getränke- und Speisenangebot der Bar daher. Innen Holz und Lederbänke, im Sommer Strandkörbe auf dem Gehweg. *Kein Ruhetag, Karl-Liebknecht-Str. 43, Tel. 149 42 21, Straßenbahnen 10, 11 Hohe Straße/LVB*

CLUBS & DISKOTHEKEN

Alpenmax **[100 C2]**
Alternative zu den Nischenclubs: gemischtes Publikum ab 18, gemischte Musik. *Mo, Do–Sa ab 21 Uhr, Große Fleischergasse 12, Tel. 224 86 05, alle Straßenbahnen ins Zentrum, Goerdelerring*

Insider Tipp **Bimbo Town** **[106 B2]**
Club und Gesamtkunstwerk des britischen Künstlers Jim Whiting. Hier hopsen die Barhocker, fahren Betten durch den Raum und das Schaumbad gibt's neben der Bar. Livemusik und Performance. *Nur am 1. Sa im Monat ab 21 Uhr, Spinnereistr. 7, Tel. 391 58 61, Straßenbahn 14, S-Bahnhof Plagwitz*

Distillery **[108 B3]**
Urgestein in Sachen Techno, House, Underground-Clubbing. *Fr–So ab 23 Uhr, Kurt-Eisner-/Lößniger Straße, Tel. 35 59 74 00, Straßenbahn 9, Kurt-Eisner-Straße*

Nachtcafé Limited **[100 C4]**
Angesagte Dance-Location. Bar, Black- und Housemusic ziehen junges, schönes Publikum an. *Mi und Sa ab 22 Uhr, Petersstr. 39–41, Tel. 211 77 08, Straßenbahnen 2, 8, 9, Neues Rathaus*

Nightfever **[100 B3]**
»Saturday-Night-Fever« nicht nur samstags – dazu passend dröhnt die Musik. *So/Mo geschl., Gottschedstr. 4, Tel. 149 99 90, Straßenbahn 9, Thomaskirche*

MARCO POLO Highlights »Am Abend«

★ **academixer**
Kabarett, aufgequirlt mit Musik und Witz (Seite 76)

★ **Gewandhaus**
Klassische Konzerte auf Weltniveau (Seite 77)

★ **BarCelona**
Spanische Konstante im Leipziger Nachtleben (Seite 74)

★ **Markt 1**
Edeldisko mit flirtintensiver Atmosphäre (Seite 76)

★ **Moritzbastei**
Studentenclub in uriger Festungsanlage (Seite 76)

★ **Spizz Jazz- und Music-Club**
Im Keller Funk und Jazz, oben beredte Leute von früh bis spät (Seite 77)

Markt 1 **[100 C2]**
★ Anzug trifft Blondie. Guggn und Baggern ist Pflicht im Edelschuppen. *Di–Sa ab 19 Uhr, Katharinenstr. 13, Tel. 960 33 06, alle Straßenbahnen ins Zentrum, Goerdelerring*

Moritzbastei **[101 D4]**
★ Eine Institution. In den Gewölbekellern ist der Bär los: tanzbare Musik, schrille Konzerte, rustikale Gemütlichkeit. *Mi, Fr/Sa ab 21 Uhr Disko und Konzert, Mo, Di, Do, So Sonderveranstaltungen, Universitätsstr. 9, Tel. 70 25 90, alle Straßenbahnen ins Zentrum, Augustusplatz*

Schauhaus **[100 B2]**
In drei Diskos wummern Techno, Black Music, Pop. Frau trägt bauchfrei mit Nabelpiercing. Nette Schummerecken. *Mo–Sa ab 22 Uhr, Dittrichring/Bosestr. 1, Tel. 960 05 96, Straßenbahn 9, Thomaskirche*

KABARETT

academixer **[101 D3]**
★ Politisches Kabarett; unbequem bis zur Bauhaus-Bestuhlung. In der Kneipe »Mixer« sitzen Sie neben den Künstlern. *Kupfergasse 2, Kneipe ab 18 Uhr, Tel. 21 78 78 70, alle Straßenbahnen ins Zentrum, Augustusplatz*

Kabarett-Theater Sanftwut **[100 C3]**
Musikkabarett mit Improvisationslust. Danach ist man in der Kneipe gut aufgehoben. *Mädlerpassage (Aufgang D), Tel. 961 23 46, alle Straßenbahnen ins Zentrum, Goerdelerring*

Leipziger Funzel **[101 D3]**
Unterhaltsames mit schwarzem Humor heckt Thorsten Wolf, der »Woody Allen von Leipzig«, aus. *Nikolaistr. 6–10, Tel. 960 32 32, alle Straßenbahnen ins Zentrum, Augustusplatz, Bus 89, Reichsstraße*

Leipziger Pfeffermühle **[100 C3]**
Der Alltag wird gnadenlos durchgedreht: Das älteste Leipziger Kabarett (seit 1954) spritzt im Bosehaus Gift. *Thomaskirchhof 16, Tel. 960 31 96, Straßenbahn 9, Thomaskirche*

KINOS

Kinobar Prager Frühling **[108 B5]**
Klein und kuschlig, intimes Kinoerlebnis. Danach ab in den Keller, in den Club *Ilses Erika. Bernhard-Göring-Str. 152, Tel. 306 53 33, Straßenbahnen 9, 10, 11, Connewitzer Kreuz*

Schaubühne im Lindenfels **[106 C2]** Insider Tipp
In dem charmanten Jugendstilhaus geben sich auf der Leinwand alle berühmten europäischen Filmemacher ein Stelldichein. *Karl-Heine-Str. 50, Tel. 48 46 20, Straßenbahn 14, Karl-Heine-/Merseburger Straße*

KNEIPEN MIT LIVEMUSIK

Black Label **[108 A5]**
Klein, knarzig, authentisch: Wie eine irische Insel aus Whiskyduft und blauem Dunst taucht dieser Pub aus dem Connewitzer Kiez auf. Di Livemusik. *Tgl. ab 19 Uhr, Wolfgang-Heinze-Str. 38, Tel. 391 99 15, Straßenbahn 9, Mathildenstraße*

Ilses Erika **[108 B5]** Insider Tipp
Kultclub: Im Keller herrscht schon mit fünf Leuten Partystimmung, wechselnd Shows, Konzerte, Disko. *Tgl. ab 22 Uhr, Bernhard-Göring-Str. 152, Tel. 306 51 11, Straßenbahnen 9, 10, 11, Connewitzer Kreuz*

Kosmos-Haus **[100 B3]**
Im Blauen Salon holt der Verein »Jazz-Kosmos« jeden Do ab 21 Uhr gute Musiker auf die Bühne. Club-Atmosphäre mit leicht marodem Charme. *Tgl. ab 18 Uhr, Gottschedstr. 1, Tel. 233 44 22, Straßenbahn 9, Thomaskirche*

Spizz
Jazz- und Music-Club **[100 C2]**
★ Blaue Stunde in nettem Interieur. Schönster Caféblick auf das Alte Rathaus. Im Keller spielen am 1. und 3. Do im Monat Bands, sonst gibt's Funk, Jazz und Boogie vom Plattenteller. *Markt 9, Tel. 960 80 43, www.spizz.org, alle Straßenbahnen ins Zentrum, Goerdelerring*

KONZERTE

Arena Leipzig **[103 E6]**
Rock- und Popkonzerte, Shows und Sportevents – die Arena ist Leipzigs Veranstaltungshalle Nr. 1. Popkonzerte mit bis zu 70 000 Besuchern finden im Sommer nebenan auf der Festwiese vor dem Zentralstadion statt. *Am Sportforum 1, www.arena-leipzig.com, Straßenbahnen 3, 8, 7, 15, Sportforum*

Bach-Archiv Leipzig **[100 C3]**
Konzerte im wundervoll restaurierten Sommersaal des Bosehauses (Mi 20 Uhr). »Bachische Abendmusicken« auch Sa im Alten Rathaus. Juli/Aug. Konzertpause. *Thomaskirchhof 15/16, Tel. 913 70, Straßenbahn 9, Thomaskirche*

Gewandhaus **[101 D3–4]**
★ Klassiker und zeitgenössische Musik auf höchstem Niveau vom Gewandhausorchester, dem MDR-Symphonieorchester, dem Thomanerchor; auch Gastspiele, Jazzkonzerte. *Augustusplatz 8, Tel. 127 03 09, Kasse Mo–Fr 10–18, Sa 10–14 Uhr, alle Straßenbahnen ins Zentrum, Augustusplatz*

Schönes Ambiente und gute Stimmung im Spizz am Markt

Klingendes Volksgut

Das Gewandhaus – eine Leipziger Institution

Bürger und Adlige Leipzigs waren es, die 1743 das Große Concert gründeten und jährlich 20 Taler und 4 Louisdor für künftigen Kunstgenuss auf den Tisch legten. Auf der künstlerischen Seite standen dem »16 auserlesene Personen«, Laienmusiker allesamt, gegenüber. 1744 zogen die Veranstaltungen aus Privaträumen ins Gasthaus »Drey Schwanen« am Brühl. Der Thomaskantor Johann Adam Hiller gründete 1775 dann die »Musikübende Gesellschaft«. Der Zulauf war so überwältigend, dass er das Angebot der Stadt, ein Geschoss im Gewandhaus, dem Messehaus der Tuchmacher und Wollhändler, zum Konzertsaal auszubauen, annahm. In wechselnden Spielstätten gaben sich fortan namhafte Komponisten und Kapellmeister die Klinke in die Hand: Felix Mendelssohn Bartholdy und Arthur Nikisch etwa, vor und nach der Wende Kurt Masur und heute Riccardo Chailly.

OPER & OPERETTE

Haus Dreilinden [107 D1]
500 Gäste können hier Operetten- und Musicalabende erleben. *Dreilindenstr. 30, Tel. 126 11 15, Straßenbahnen 3, 7, 8, 15, Angerbrücke*

Opernhaus [101 E3]
Publikumsnahe Inszenierungen, hervorragendes Ballett. Im Graben spielt das Gewandhausorchester. Das Haus von 1960 mischt Klassizismus mit sozialistischer Sachlichkeit. *Augustusplatz 12, Tel. 126 12 61, alle Straßenbahnen ins Zentrum, Augustusplatz*

SZENETREFFS & KNEIPEN

Basa Mo [108 B1]
Afrika mitten in Leipzig. Toll für die Teestunde der exotischen Art. *Nürnberger Str. 11, Tel. 960 76 54, Straßenbahnen 4, 7, 12, 15, Johannisplatz*

Blickwinkel Lounge [100 B6]
Oase aus guter Musik und sympathischem Service im Hinterhaus. Ideal für ein mentales Chill out. Surfstation. *Kein Ruhetag, Harkortstr. 21, Tel. 462 38 93, Straßenbahnen 10, 11, Hohe Straße/LVB*

Flower Power [100 C6]
Hier leuchtet nur der Flipper, eine Kuh zieht über der Theke ihre Runden. Witzige Kneipe, aber laute Musik. *Riemannstr. 42, Tel. 961 34 41, Straßenbahnen 10, 11, Hohe Straße*

KillyWilly [108 A3]
Pub mit Stammpublikum. Palaveratmosphäre im urigen Irish Pub (Ableger im Barfußgässchen). *Karl-Liebknecht-Str. 44, Tel. 213 13 16, Straßenbahnen 10, 11, Südplatz*

Kowalski [100 A6]
Lieblingsbuch vergessen? Einfach eins aus den Regalen ziehen, einen Stuhl ergattern und abtauchen. *Fer-*

dinand-Rhode-Str. 12, Tel. 212 60 20, Straßenbahnen 2, 8, 9, Neues Rathaus, Bus 89 Mozartstraße

Luise **[100 B3]**
Kneipe zum Quasseln. Mütter mit Kinderwagen gehen hier genauso gern hin wie Kulturschaffende. *Bosestr. 4, Tel. 961 14 88, Straßenbahnen 1, 14, Gottschedstraße*

Insider Tipp
Maga Pon **[100 B3]**
Tatortkommissar Ehrlichers Stammlokal ist Waschsalon und Kneipe in einem. Gute Küche, Freisitz unter Bäumen. *Gottschedstr. 11, Straßenbahnen 1, 14, Gottschedstraße*

Protzendorf **[100 B6]**
Gute Adresse für ruhige Abende: Cocktails (auch ohne Alkohol), kleine, feine Speisen und angenehme Atmosphäre. *Beethovenstr. 17, Straßenbahnen 2, 8, 9, Neues Rathaus*

Reich und Schön **[100 C6]**
Entspannt Cocktails schlürfen, kickern und die Streifentapeten als Geheimnis akzeptieren: dolce Vita. *Kein Ruhetag, Münzgasse 18–20, Tel. 230 61 58, Straßenbahnen 10, 11, Hohe Straße/LVB*

Sixtina **[100 C2]**
Michelangelo lässt grüßen. Engel schweben am bemalten Gewölbe. Mit rund 100 Sorten Absinth die wohl weltweit größte Auswahl. Angesagtes Outfit: Wave-Gotik-Schwarz. *Katharinenstr. 11, Tel. 0177/476 48 55, alle Straßenbahnen ins Zentrum, Goerdelerring*

Sol y Mar **[100 B3]**
Schuhe aus und rauf aufs Bett: In dieser angesagten Location herrschen originelle Sitzgewohnheiten. Wer reserviert, kann im Liegen speisen. Insider Tipp Für die anderen gibt's eine lange Theke und opulente Sitzmöbel an massiven Tischen. *Kein Ruhetag, Gottschedstr. 4, Tel 961 57 21, Straßenbahn 9, Thomaskirche*

THEATER

Lofft **[106 C1]**
Frischer Wind fegt durch das Theaterhaus am Lindenauer Markt, seit dort freie Gruppen den Spielplan machen. *Lindenauer Markt 21, Tel. 961 76 15, Straßenbahnen 7, 8, 15, Lindenauer Markt*

Neue Szene **[100 B2]**
Ableger des Schauspielhauses. Moderne Inszenierungen, viel Publikumsnähe. *Gottschedstr. 16, Tel. 980 48 42, Straßenbahnen 1, 14, Gottschedstraße*

Schauspiel Leipzig **[100 B2–3]**
Einfallsreiche Streifzüge durch die Theatergeschichte. *Bosestr. 1, Tel. 126 80, Straßenbahnen 1, 14, Gottschedstraße; Linie 9, Thomaskirche*

Varieté-Theater Krystallpalast **[101 D4]**
Der Name ist eine Reminiszenz an das größte Varieté Europas, das bis 1943 in Leipzig war. Heute verzaubern hier Entertainer und Magier. *Magazingasse 4, Tel. 14 06 60, Straßenbahnen 2, 8, 9, 10, 11, Wilhelm-Leuschner-Platz*

Werk II Kulturfabrik Leipzig **[108 A5]**
In den alten Fabrikhallen schlägt das Herz der Connewitzer Kulturszene. Filme, Lesungen, Theater, Kneipe. *Kochstr. 132, Tel. 308 01 40, Straßenbahnen 9, 10, 11, Connewitzer Kreuz*

10

Leipzig zwischen Kauflust und Romantik

Die Spaziergänge sind in der Karte auf dem hinteren Umschlag und im Cityatlas ab Seite 100 grün markiert

1 PLAGWITZ IM WANDEL

Bei Sonnenschein geht's raus aufs Wasser. Rudern wird belohnt: Aus der Entenperspektive enthüllt der ehemalige Industriestadtteil Plagwitz ein neues Gesicht. Vom Arbeiterviertel zum Expo-Standort, romantisch, imposant, irgendwo zwischen Docklands und Klein Venedig. Wer sich auf der Kahnpartie über die Weiße Elster treiben lässt, sollte einen halben Tag für den Ausflug einplanen.

Los geht es am *Wilhelm-Leuschner-Platz* mit der Straßenbahn Linie 2 Richtung Lausen bis zur Haltestelle Rödelstraße. Von hier ist es nur noch ein Katzensprung um die Ecke bis zum *Bootsverleih Herold (S. 95)* an der Weißen Elster. Die Herolds haben gut ein Jahrhundert Erfahrung im Bootsbau. Damals gründete Julius H. Seifert das Unternehmen, und die Verleihboote gehörten bald so fest zur Firma wie die nette Tradition, am Bootshaus Bier oder Kaffee und Kuchen anzubieten. Gleich nach dem Ablegen verebbt der Straßenlärm. Das Boot gleitet an Kleingartenanlagen und dicht bewachsenen Ufern entlang. Idylle, in der ufernahe Grundstücke mit schicken Eigentumswohnungen bebaut wurden. Daneben liegen aber auch schon Industriebrachen, denn mit jedem Ruderschlag nähern Sie sich Plagwitz. Das mauserte sich Mitte des 19. Jhs. vom verschlafenen Dörfchen jenseits der sumpfigen Elster-Pleiße-Aue zum ersten Industriestandort Leipzigs. Wie gewaltig die Ausmaße waren, wird spätestens nach der Unterquerung der Industriestraße sichtbar: Beiderseits der Elster erstreckt sich der gewaltige Komplex der Buntgarnwerke (1879–1925).

Bootstour auf dem Karl-Heine-Kanal in Plagwitz

Das größte Gründerzeit-Industriedenkmal Deutschlands ist ein Paradebeispiel für den Wandel des Viertels: Wo einst Maschinen wummerten und Menschen für die Sächsischen Wollgarnwerke schufteten, sind an der Nonnenstraße Restaurants, Arztpraxen, Post und Verwaltung eingezogen. Zum Wasser und zur Holbeinstraße entand unter aufwändiger Sanierung ein Yuppieparadies: Lofts samt Tiefgarage und Dachgarten – Londoner Docklands mitten in Leipzig. Das Motto der Expo 2000, »Den Wandel zeigen«, wird hier immer neu erlebbar.

Bevor Sie an den himmelhohen Fassaden entlanggleiten, gönnen Sie sich noch einen Abstecher in den vom Industriepionier Karl Heine Mitte des 19. Jhs. angelegten Kanal, der direkt hinter der Brücke Industriestraße abzweigt. Sie unterfahren hier die malerische, originalgetreu sanierte Nonnenbrücke von 1893 und manövrieren das Boot durch die mit 5,50 m schmalste Stelle des Kanals. Über Ihnen thront auf einer alten Eisenbahnbrücke das MDR-*Riverboat*, extra für die gleichnamige TV-Talkshow an dieser Stelle errichtet. Dahinter öffnet sich der Blick in den Karl-Heine-Kanal. Das 2,5 km lange Teilstück präsentiert sich heute einladend wildromantisch. Hier begegnen die Ruderer mitunter dem kleinen Ausflugsdampfer »MS Weltfrieden«. Inside Tipp *(Anlegestelle am Restaurant Stelzenhaus)*. Seit der Entschlammung ist der üble Geruch aus dem Kanal verschwunden, typische Pflanzen blühen am Rand, und die ehemalige Verladestation oberhalb des Südufers wurde zum Stadtteilpark umgestaltet. Am Karl-Heine-Bogen erhebt sich das imposante *Stelzenhaus*. In der einstigen Lagerhalle finden Sie Firmen, Wohnungen und das *Restaurant Stelzenhaus (kein Ruhetag, Tel. 492 44 45, €€€)* mit schönem Biergarten.

Zurück auf der Weißen Elster, vorbei an den Ziegelfassaden der Buntgarnwerke, unter der bei Malern beliebten Stahlkonstruktion Könneritzbrücke hindurch, ist es Zeit für eine Kaffeepause: Das Restaurant *Weiße Elster (Mi–Mo ab 12*

Wohnen am Wasser – Plagwitz hat seine ganz eigenen Idyllen

Uhr, €) hat eine eigene Anlegestelle und eine Terrasse über dem Wasser. Das Haus selbst ist eine typische Symbiose aus Alt und Neu. An die einstige Kragenfabrik wurden Wohnungen angebaut. Wer jetzt noch Puste und Zeit hat, rudert weiter Richtung Palmengartenwehr, schifft vielleicht sogar durch das Elsterflutbett. Zurück müssen Sie in jedem Fall, denn durch die Wehre ist kein Rundkurs möglich.

2 PASSAGENBUMMEL DURCH DIE INNENSTADT

Insider Tipp

Die angenehmste Art, in Leipzig Sightseeing und Einkaufsbummel zu verbinden, ist ein Spaziergang durch die Passagen. Wie pulsierende Lebensadern ziehen sich die überdachten Gassen und Straßen durch die City. In ihren Lichthöfen kristallisiert sich das Leben: Ateliers und Kommerz, Cafés und Kabaretts, Buch und Kunst treffen aufeinander. Ganz nebenbei durchschreiten Sie die schönsten ehemaligen Messepaläste und Handelshöfe der Stadt. Lassen Sie sich zwei bis drei Stunden Zeit für Ihre Expedition.

Der Rundgang beginnt am palazzoartigen Gebäude der ehemaligen Reichsbank (heute Musikschule) in der Petersstr. 43. Wenige Häuser weiter leuchtet einem die helle, reich verzierte Fassade von *Stentzlers Hof* entgegen. Nach der Wende hätte wohl kaum einer geglaubt, dass das bröckelnde Messehaus von 1916 eine solche Renaissance erleben würde. Millionen wurden verbaut, bis an der Ecke wieder der Roland mit seinem Schwert über die Marktfreiheit wachen konnte. Über die breite, neu gepflasterte Petersstraße gelangen Sie links in den *Petersbogen*, ein Neubau mit Kino, Geschäften und Casino, der die alte Passagenidee wieder aufnimmt. Schräg gegenüber geht es in die *Messehof-Passage,* einen typischen Bau der 1950er-Jahre, in dem noch bis 1997 Messen stattfanden. In der niedrigen Messehof-Eingangshalle lohnt ein Blick auf die marmorne Pilzsäule. Sie war stilbildend für modern-stählerne Nachfolger im Strohsack am Nikolaikirchhof. Nach der Sanierung erhält die Passage ein völlig neues Gesicht und wird Kaufhausdomizil.

Am Neumarkt stehen Sie direkt vor der »Mutter der Messepaläste«, dem prächtigen *Städtischen Kaufhaus (S. 28)* von 1893. Jahrelang blockierten ungeklärte Eigentumsansprüche die Sanierung. Jetzt hat sich das schöne Haus mit dem Restaurant *Kaiser Maximilian (S. 52)*, dem *Designer Outlet Center (S. 62)* und anderen originellen Läden als Shoppingadresse etabliert.

Ein paar Schritte den Neumarkt hinab, dann geht es links in die berühmteste Leipziger Passage: die *Mädlerpassage (S. 25).* Die Mailänder Galleria Vittorio Emanuele stand 1914 Pate für das L-förmige Prachtstück. Der Modeladen am Neumarkt prunkt mit extravaganter Deko: Das opulente Deckenfresko »Helios im Sonnenwagen« ist ein historisches Überbleibsel. An der achteckigen Rotunde hat das Kabarett »Sanftwut« seine Pointen-Werkstatt. Ein schlichtes Meißner Glockenspiel erklingt hier alle Stunde. Zum Advent glänzt ein 10 m hoher (künstlicher) Weihnachts-

Pagodendach des Riquethauses und Turm der Nikolaikirche

baum. »Leute gucken« macht in dieser Passage zu jeder Jahres- und Tageszeit Spaß, zum Beispiel bei einem Wein im Bistro *Kümmelapotheke (S. 49)* an der Rotunde. Ein weiterer Blickfang auf dem Weg zur Grimmaischen Straße sind die Bronzefiguren von Faust, Mephisto und den Studenten am Eingang zu *Auerbachs Keller (S. 20, 50)*. Unter freiem Himmel geht es nur ein kurzes Stück über die Grimmaische Straße, dann in die Reichsstraße hinein. Rechts liegt *Specks Hof (S. 28)*, ein weiteres Sahnestück der Messehausarchitektur. Wenn Sie Glück haben, ist am Abend in der *Connewitzer Verlagsbuchhandlung* die Lesung eines Autors angesagt. Stöbern lässt sich in dem 1990 linksalternativ gestarteten Laden sehr gut. Ein bisschen Sightseeing zwischendurch? Da reicht der Blick hoch in die Lichthöfe. Hier haben Künstler aus Leipzig, Berlin und Halle poppige Akzente gesetzt. Vielleicht am schönsten gelungen ist Hof B, wo der Hallenser Moritz Götze in bunter Keramik die Geschichte der Messe an die Wand brachte.

Über den Nikolaikirchhof gelangen Sie in die Ritterstraße, da geht es durch die Nr. 7 gleich wieder hinein ins Passagensystem. Der *Strohsack* ist eine nicht unumstrittene Lösung aus Alt und Neu, in jedem Fall ein modernes Domizil für das Kabarett »Die Funzel«. Im Lichthof an der Nikolaistraße tauchen dann besagte Pilzsäulen nach Messehofmanier wieder auf. Witziges Detail: die begehbare Uhr. Der Leipziger Maler Reinhard Minkewitz schuf einen Mann und eine Frau als Zeigerfiguren, die wohl ewig aneinander vorbeilaufen werden.

Auf der Nikolaistraße befinden Sie sich im ehemaligen Revier der Rauchwarenhändler. *Steibs Hof* gehört zu den Pelzhäusern der Dynastien, die Leipzig Mitte des 18. Jhs. zu einem Pelzzentrum Europas machten. Von der Geschäftigkeit ist wenig geblieben, aber im Innenhof können Sie sich im Restaurant *Retschenka (Di–So ab 11 Uhr, Tel. 149 22 35, €€)* mit russischen Spezialitäten verwöhnen lassen. Abends stimmungsvoll: Der Hof wird indirekt über angestrahlte Spiegel beleuchtet. Natürlich führt die Passage zum *Brühl (S. 26)*, der bis 1938 die Hauptstraße der Rauchwarenhändler war. Richtung Richard-Wagner-Platz hat Am Hallischen Tor das Marriott-Hotel sein

Domizil. Zu diesem Komplex gehören die *Brühl-Arkaden*, die schrillste Neubaupassage der Stadt. Hier hat der Pop-Künstler Michael Fischer-Art seine Acrylfarbtuben weit aufgedreht. Großflächig und bunt erzählen seltsame Wesen die Geschichte vom Koffermann, der in Leipzig sein Glück machen will.

Zurück am Brühl, geht es vorbei am *Romanushaus* (Ecke Katharinenstraße) zur Hainstraße, einer wiederbelebten Flaniermeile mit Mode-, Leder- und Buchläden. Von hier gelangen Sie rechts in den *Jägerhof*, in dem die Passage-Kinos ein ungewöhnliches Konzept verwirklichen. Vom Lichthof aus führt jede Tür in einen anderen Kinosaal. Typisches Architekturbeispiel für den Übergang vom Barock zur Renaissance im 17. Jh. ist *Webers Hof, Hainstr. 3*. Webers Hof interessiert heute mehr als Durchgang zu *Barthels Hof (S. 21)*. Der ist ein so genanntes Durchhaus mit weitläufigem Hof, dem *theater fact (Tel. 961 40 80)*, einem historischen Gasthaus *(S. 51)* und der Puppenklinik von Heide und Gabor Zsvita. Von dort gelangt man auf die Kleine Fleischergasse, überquert das Barfußgässchen und kann bei *Zill's Tunnel*, einem Restaurant für gehobene Hausmannskost *(S. 55)*, in die *Handwerkerpassage* einbiegen. Freilich: Handwerker gibt es seit der Sanierung keine mehr. Zu den alten Mietern gehört nur noch die Bilder- und Kartenboutique Näther. Ansonsten ist der schlichte Durchgang mit der Kneipe *Bellini's* ein Ableger der Vergnügungsmeile *Drallewatsch* geworden. Zurück auf dem Markt, stehen Sie wieder im Herzen der Stadt. Bevor es zurück geht in die Petersstraße, kommen Sie an der neuesten Passage vorbei: Die *Marktgalerie* nimmt die Fassadengestaltung historischer Bürgerhäuser auf. Dahinter steckt ein modernes Kaufhaus. Der Durchgang führt zur Klostergasse.

Romanushaus: aufwändig saniertes Barockpalais in der Katharinenstraße

Zu Rittern, Klosterfrauen und Skatbrüdern

Zwischen Altenburg und Wörlitzer Park können Tagestouristen Geschichte(n) in Picknicklaune erfahren

BURG UND TALSPERRE KRIEBSTEIN

[113 F5] Romantisch und verwunschen wirkt die Burg Kriebstein, die ihre Zinnen hoch über die Zschopau gen Himmel reckt. Wer in den Burghof tritt und das Museum mit den schön restaurierten Burgräumen besucht, wagt einen Abstecher in die tiefe Vergangenheit. Zu Fuß durch eine malerische Landschaft oder per Schiffchen über die Talsperre können Sie genüsslich in die Gegenwart zurückkehren. Eine Strecke ca. 70 km, 1,5 Stunden Fahrzeit.

Von Leipzig gelangen Sie über die B 2 bzw. B 95 Richtung Borna rasch ins Grüne. Der B 176 Richtung Döbeln folgen. An der Schnittstelle mit der B 175 nach Rochlitz einbiegen, und noch vor Geringswalde den Abzweig Richtung Mittweida nehmen. Ab Schweikershain den Hinweisschildern zur Talsperre folgen. Auf dem großen Parkplatz in See- und Burgnähe können Sie Ihr Auto abstellen.

Altenglisch: Gotisches Haus im Wörlitzer Park

Einmal unterwegs, erreichen Sie über die B 176 als erste Station *Bad Lausick*. Auf den ersten Blick wirkt das Städtchen nicht sonderlich attraktiv. Doch wagen Sie einen zweiten Blick. Hier gibt es einige Perlen zu entdecken: z. B. die barocke Silbermann-Orgel in der St.-Kilians-Kirche aus dem frühen Mittelalter. Nach einer kleinen Stärkung in der *Hudelburg* – hier sind nur die Tischsitten echt mittelalterlich, der Bau ist reinste Neuzeit *(Mo–Fr 17–24, Sa/So 12–24 Uhr, Kirschallee 1, Tel. 034345/256 40, €€)* – geht es weiter Richtung *Colditz*. Spitze Zungen behaupten, dass mehr Engländer als Deutsche das 6000-Seelen-Dorf an der Mulde kennen. Dies mag an einer populären englischen Fernsehserie über gefangene alliierte Offiziere liegen, die hier ihre Zeit unter der strengen »Obhut« der Nazis absaßen. Die zahlreichen

Fluchtversuche sind inzwischen legendär. Diverse Zeugnisse aus dieser Zeit kann man im *Museum (tgl. 10–17 Uhr, Schlossgasse 1)* besichtigen.

Danach geht die Fahrt weiter Richtung Zschopautal. Dort wurde 1927–30 ein 9 km langer Stausee angelegt: die *Talsperre Kriebstein.* Hinter Höfchen gibt es einen großen Parkplatz. Durch den Wald gelangt man in zehn Minuten zum Ufer. Von hier aus kann man den Ausflugsdampfern zuschauen oder – besser noch – selbst an Bord gehen und sich auf den See begeben *(Mai–Sept. tgl. 10.30, 13.30, 16.30 Uhr).* So eine Schifffahrt verschafft den schönsten Eindruck von der Landschaft. Sobald Sie wieder festen Boden unter den Füßen haben, geht es auf zur *Burg Kriebstein*: eine kleine Wanderung bergauf, bergab (ein kleines Stück Richtung Parkplatz, dann den Schildern folgen). Die Anlage aus dem 14. Jh. wirkt geradezu uneinnehmbar und trohnt auf einer Klippe hoch über der Zschopau *(Mai–Okt. Di–So 9–17, Feb.–April, Nov. bis 16 Uhr).* Der Wohnturm ist bis zur Wetterfahne 45 m hoch. Durch die engen Gänge der pittoresk anmutenden Anlage gelangt man z. B. in das Schatzgewölbe oder das Kriebsteinzimmer, eine vollständig ausgemalte Bohlenstube aus dem 15. Jh. Auch die Burgkapelle ist wieder eröffnet. Ein kleiner Tipp für Romantiker: Im Winter locken am Wochenende »Geheimnisvolle Führungen« mit spukenden Geistern und Kerzenschein in die Burg *(Voranmeldung: Tel. 034327/95 20).* Zurück zum Parkplatz geht's am schnellsten über die Landstraße. Und dann ab nach Leipzig.

Insider Tipp

MULDENTAL/ KLOSTER NIMBSCHEN

[113 E4] Gleich hinter Leipzig werden die Wiesen weiter, erstrecken sich über sanfte Hügel bis zum Muldeufer. Das wird gesäumt von Dörfern und Städtchen, von denen Grimma zu Recht als eines der schönsten gilt. Wer Richtung Höfgen wandert, erfährt das besondere Vergnügen einer Seilfährenfahrt, wandelt auf den Spuren Katharina von Boras und kann fast im Vorbeigehen die Funktion einer Schiffsmühle erkunden. Autofahrt eine Strecke ca. 30 km, 45 Min. Fahrzeit, Schifffahrt ca. 20 Min.

Wählen Sie für die Anfahrt nach Grimma die gemächliche Tour über die Dörfer: Über die Prager Straße am Völkerschlachtdenkmal vorbei Richtung Liebertwolkwitz. Über Großpösna, Threna, Köhra, Pomßen und Grethen nach Grimma. Mit dem Schiff nach Höfgen, Übersetzen mit der Seilfähre, dann zu Fuß bis zur Klosterruine Nimbschen.

Die Muldestadt *Grimma*, »Perle« im Muldental, erlangte 2002 durch die Flutkatastrophe traurige Berühmtheit. Heute zeigt sich die Altstadt wieder gastlich und das Städtchen stolz auf 800 Jahre Geschichte. In der spielte auch Katharina von Bora, die Frau Martin Luthers eine Rolle. Sie lebte im Kloster Nimbschen bei Grimma. Malerisch ist der *Markt* mit seinen Renaissance- und Barockfassaden. Das Sahnestück ist das Rathaus von 1585. Ein rustikales Mittagessen gibt's im *Ratskeller (Markt 27, €€)*, die Kaf-

Die restaurierte Klosterkirche von Grimma am Ufer der Mulde

feepause verbringt man im *Café am Markt (Markt 10)*. Weiter geht es dann zur Mulde, wo an der Anlegestelle *Hängebrücke* stündlich die Schiffchen ins zauberhafte Kloster- und Mühltal starten *(Ende März bis Nov. ab 10 Uhr)*. Ihr Auto können Sie auf dem Parkplatz Gattersburg stehen lassen. Knapp 20 Minuten später sind Sie am Schiffmühlensteg. Hier können Sie ganz nebenbei einen technischen Dinosaurier bewundern: In *Höfgen* ist die einzige noch funktionstüchtige Schiffsmühle verankert. Entlang der Mulde nähert man sich Schritt für Schritt dem Lebens- und Leidensort der respektablen Katharina von Bora. Ans andere Ufer gelangt man mit einer Seilfähre. Seit dem 13. Jh. soll es an dieser breiten Furt eine Fähre gegeben haben. Am anderen Ufer geht es ein Stückchen durch den Wald, bis die Überreste des Zisterzienserklosters *Nimbschen* durchs üppige Grün leuchten. Hier lebte seit 1509 Katharina von Bora, da war sie erst zehn Jahre alt. Schlecht lebten die Nonnen nicht. Sie hielten Schweine, Schafe, Ziegen und Geflügel, brauten Bier (es gab einen eigenen Hopfengarten) und kauften zur Fastenzeit riesige Mengen Hering an. Dies erwies sich als großes Glück für Katharina. Nach 14 Jahren hinter Klostermauern gelang ihr mit acht anderen Nonnen die Flucht – der Torgauer Kaufmann Koppe schmuggelte sie in großen Heringsfässern heraus. Zwei Jahre später heiratete Katharina den Reformator Martin Luther. Die Reformationszeit bestimmte auch die Zukunft des Klosters: Dem heiligen Haus liefen die Gläubigen weg, und schon 1530 gab es in Nimbschen keine einzige Nonne mehr.

In der Nachbarschaft residiert seit einigen Jahren das schöne *Hotel Kloster Nimbschen* samt eigenem Tennisplatz und Fitnessstudio *(57 Zi., Nimbschener Landstr. 1, Tel. 03437/99 50, Fax 99 52 99, €€)*. Wer nicht gleich hier übernachten will, sollte sich langsam auf den Heimweg machen. Die Schiffchen nach Grimma legen stündlich am Schiffsmühlsteg an *(letzte Fahrt Mo–Fr 17.30, Sa/So 18.30 Uhr)*. Wer die Rückfahrt von Grimma aus gerne zügig hinter sich bringen möchte, kann den Hinweisschildern zur Autobahn folgen und über die A 14 in die Messestadt zurückrauschen.

WÖRLITZER PARK

[113 D1] ★ Nördlich der einstigen Chemieregion Bitterfeld beginnt das Gartenreich Dessau-Wörlitz, so schön, dass es Teil des Unesco-Welterbes wurde. Die Wörlitzer Anlagen ließ Fürst Leopold III. Friedrich Franz von Anhalt Dessau im 18. Jh. anlegen. Der Park mit seinen Schlösschen, künstlichen Ruinen und Felsen, Inseln und Teichen ist der älteste Landschaftspark im englischen Stil auf dem Kontinent. Auf dem Weg lohnt ein Stopp in der Lutherstadt Wittenberg. Strecke über die Landstraße ca. 80 km, Fahrzeit ca. 1,5 Std., über die Autobahn ca. 45 Min.

Sie verlassen Leipzig über die B 2 und fahren über Bad Düben nach Wittenberg, dann auf der B 187 nach Coswig und über die B 107 nach Wörlitz. Nach der Fahrt durch den Naturpark Dübener Heide, einem rund 2000 km^2 großen Waldgebiet, sollten Sie den ersten Halt in *Wittenberg* einlegen. Die *Schlosskirche (Luthergrab, Kirche Mai–Okt. Mo 14–17, Di–Sa 10 bis 17, So 11.30–16 Uhr, Nov. bis April jeweils bis 16 Uhr)* muss man allein wegen des berühmten Nordportals gesehen haben. Hier soll Martin Luther 1517 seine 95 Thesen angeschlagen haben. Am Markt steht das Haus des Malers und Zeichners Lucas Cranach d. Ä. (1472–1553); Philipp Melanchthon, der durchgeistigte Kampfgefährte Luthers, grüßt als Denkmal über den Markt.

Luther und Melanchthon wachen über den Markt von Wittenberg

Über die B187 in Richtung Crostitz geht es weiter nach *Wörlitz.* Wenn Sie in der Ortsmitte parken, können Sie ihre Wörlitz-Tour am bezaubernden *Schloss* starten. Hier bringt eine Sammlung klassizistischer Möbel nicht nur Liebhaber zum Schwärmen *(April/Okt. Di–So 10–17, Mai–Sept. Di–So 10 bis 18 Uhr).* Und im *Gotischen Haus* sind altdeutsche Malereien und neugotische Möbel ausgestellt *(Mai–Sept. Di–So 10–18, April/ Okt. Sa/So 10–17 Uhr).* Wenn Sie nach derlei Kunstgenuss fußlahm geworden sind: In *Neumarkts Garten* kürzt die Teelaubenfähre den Weg zum Schlossgarten enorm ab. Spätestens jetzt ist eine Pause angesagt. Hierzu bietet sich das stille Landhaus *Wörlitzer Hof* an *(Markt 96, Tel. 034905/41 10, €€).*

Für den Rückweg wählt man am besten den schnellen Rutsch über die A 9, Auffahrt Vockerode, bis zur Abfahrt Leipzig-West.

ALTENBURG

[113 D6] Wer Altenburg besucht, lernt eine rege Thüringer Stadt mit imposanter Burganlage kennen. Berühmt ist die Stadt als Spielkartenmetropole: Schon im 16. Jh. wurden diese hier hergestellt. Erkunden Sie Schloss und Spielkartenmuseum. Eine Strecke ca. 50 km, Fahrzeit ca. 1 Std.

Über die B 2/B 95 verlassen Sie Leipzig südwärts Richtung Borna; weiter geht's auf der B 93, am Speicher Borna und der Talsperre Windischleuba vorbei nach *Altenburg.* Wo heute Altenburg liegt, entwickelte sich im 12. Jh. das Zentrum eines staufischen Reichsterritoriums mit Kaiserpfalz. Reste der Stadterweiterung und Ummauerung, die unter Friedrich I. Barbarossa um 1165 entstanden, sind noch erhalten. Das Stadtrecht bekam Altenburg 1256. Schon im 16. Jh. wurden hier Spielkarten hergestellt. Seit 1832 gibt es eine Spielkartenfabrik. Außerdem können Sie mit dem Wenzelbrunnen (1903) den weltweit einzigen einem Kartenspiel gewidmeten Brunnen bewundern.

Auf dem Weg zum Schloss lohnt ein Blick auf die Stadt. Dann sehen Sie die *Roten Spitzen,* das Wahrzeichen der Stadt. Die Mauerreste eines 1588 abgebrannten Klosters sind ein Zeugnis für die regionale Bauweise mit rotem Backstein. Auf dem Schlosshof, den Sie durch ein herrliches Portal betreten, befand sich früher die Kaiserpfalz. Der *Hausmannsturm (Mai–Okt. Mi–So 10–17 Uhr)* ist ein letztes Zeugnis aus dieser Zeit. Die eigentliche Schlossanlage stammt aus dem ersten Drittel des 18. Jhs. Neben einem Museum zur Geschichte der Region und des früher hier beheimateten Adelsgeschlechts finden Sie das *Spielkartenmuseum (Di–So 10–17 Uhr),* auch für Nicht-Spieler äußerst sehenswert. Sollten Sie Zeit für eine Führung durch das *Schloss* haben, so nutzen Sie diese unbedingt. Die spätgotische Schlosskirche wartet mit einer Besonderheit auf: Johann Sebastian Bach spielte hier 1739 auf der Trost-Orgel. Das Instrument entspricht noch heute dem Klangbild der Bachzeit. Sollten Sie nach all der Kultur Hunger verspüren, sei der *Ratskeller (Tel. 03447/31 12 26, €€)* empfohlen. Nach Leipzig zurück folgen Sie einfach der Ausschilderung.

Insider Tipp

Angesagt!

Events, Meetings und Aktionen, die Sie kennen und nicht verpassen sollten!

Inlineskaten
Mit Tempo durch die Stadt und trotzdem nah an der Natur: Gehen Sie doch mit den Leipzigern auf die Rolle *(Verleih: Sport Scheck, Grimmaische Str. 8)*! Anfänger und Profis tummeln sich an schönen Tagen auf der Anton-Bruckner-Allee und dem Nonnenweg quer durch den Clara-Zetkin-Park. Oder

Sie fahren zum Nordstrand am Cospudener See: Vom Parkplatz bis nahe an den Hafen ist der Weg asphaltiert, den Rest kann man die Skater schultern, um eine Kaffeepause auf der Hafenterrasse einzulegen. Auch am Westufer des Sees gibt's eine idyllische, 3,3 km lange asphaltierte Strecke.

Sonntagsbrunch
Wer frühstückt denn noch zu Hause? Am Sonntag geht's mit Freunden, Kind und Kegel zum Brunch. Lassen Sie das Frühstück im Hotel sausen, und gehen Sie lieber ins *Kowalski (S. 78)*, ins *Glashaus* im Clara-Zetkin-Park *(S. 52)*, ins *Bar-Celona (S. 74)* oder ins *Panorama-Restaurant (S. 49)*. Hier sind Sie nah dran am Puls der Zeit!

Kudernatschs Kautsch
Wenn Herr Kudernatsch auf seine Kultkautsch lädt, dann wird das eine Show der besonderen Art. Meist ist der schräge Unterhalter in der Moritzbastei tätig und behelligt seine teils spannenden, teils prominenten Gäste mit unorthodoxen Fragen. Zu Besuch kommen Künstler, Popgrößen, Schönheitsköniginnen, Wissenschaftler und Musiker. Die »Kautsch« bleibt dabei Dreh- und Angelpunkt der Show und wurde schon für manchen zum heißen Stuhl. Wann der nächste schräge Talk stattfindet, erfährt man im Internet unter *www.moritzbastei.de* bzw. in der Tagespresse, mehr zu Kudernatsch und seine Kautsch unter *www.klappkautsch.de*

Slam-Poetry
Volly Tanner ist Leipzigs »Spoken-Word-Poetry-König«, und wenn Vollys Pegasus durstig wird, geht's hoch her. Dann werden in bester Performing Art eigene und fremde Texte gelesen, dazu wird getrunken. Wer Spaß an Slam Poetry hat, sollte sich unter *www.volly-tanner.de* nach den aktuellen Terminen erkundigen.

Von Anreise bis Zeitungen

Hier finden Sie kurz gefasst die wichtigsten Adressen und Informationen für Ihre Leipzig-Reise

ANREISE

Auto

Von Norden über die A 9, Abfahrt Leipzig-West oder am Schkeuditzer Kreuz auf die A 14 (Richtung Dresden) und an der Ausfahrt Leipzig-Mitte auf die B2. Von Süden am Dreieck Rippachtal von der A 9 auf die A 38 wechseln, Richtung Leipzig/Lützen, Abfahrt Knautnaundorf und über die B 186 und B 87 der Ausschilderung in die City folgen.

Bahn

Von Berlin fährt der Zug nach Leipzig rund 1,5, von Köln 5 und von München 5,5 Std. Reisende aus der Schweiz und aus Süddeutschland können die *CityNightLine* nutzen *(www.citynightline.ch)*. In Leipzig erwartet Sie im Bahnhof ein modernes Einkaufszentrum. Taxistände gibt es vor den Ausgängen an der Ost- und Westseite. Die Straßenbahnen halten vor dem Haupteingang. Der Bahnhof liegt mitten in der City.

Flugzeug

Der Flughafen Leipzig/Halle am Schkeuditzer Kreuz ist über die A9 und die A14 bequem zu erreichen. Check-In im Zentralterminal; Ankunft und Abflug in Terminal B; hier finden Sie auch die *Flughafeninformation (Tel. 224 11 55)*. Durch die lang gestreckte Glasröhre des Zentralterminals mit Geschäften und Gastronomie gelangen Sie zum Flughafenbahnhof. Mit dem *Flughafen-Express* der DB geht's in 15 Min. zum Leipziger Hauptbahnhof *(3,50 Euro)*. Taxen stehen vor dem Terminal B. Für die rund 40-minütige Fahrt zahlen Sie etwa 30 Euro.

AUSKUNFT

Leipzig Tourist Service e.V. [101 D2]
Richard-Wagner-Str. 1, 04109 Leipzig, Mo–Fr 10–18, Sa/So 10–16 Uhr, Tel. 710 42 60 und 710 42 66, www.leipzig.de/de/tourist

FAHRRADVERLEIH

Fahrradstation Zweirad Eckhardt [101 D1]
Kurt-Schumacher-Str. 4, Verleih (ca. 50 Räder) und Reparatur am *Hauptbahnhof (Parkhaus West), Tel. 961 72 74, www.bikeandsport.info*

FUNDBÜROS

Fundbüro Leipzig [101 F5]
Tel. 123 32 70, Seeburgstr. 51, Di 9–12 und 13–18 Uhr

Fundstelle Hauptbahnhof [101 D1]
Querbahnsteig (nahe Gleis 3), Tel. 968 32 55, Willy-Brandt-Platz, tgl. 6–21.30 Uhr

INTERNET

– *www.leipzig.de* (offizielle Homepage der Stadt Leipzig)
– *www.lvz-online.de* (Homepage der »Leipziger Volkszeitung«)
– *www.kreuzer-leipzig.de* (Homepage des Stadtmagazins »Kreuzer«)
– *www.leipzig-plus.de* (Veranstaltungen)

INTERNETCAFÉS

le bit [104 C5]
Gute Musikauswahl; hier kann man wunderbar chillen und nebenbei seine Mails checken. *Mo–Fr ab 9, Sa/So ab 10 Uhr, Ludwig-Erhard-Str. 57, Tel. 998 20 20, www.le-bit.de, Straßenbahnen 3, 8, Fr.-List-Platz*

Netl@den [101 D3]
Laden der Webagentur *netladen.com. Reichsstr. 16–18, alle Straßenbahnen ins Zentrum, Augustusplatz*

KARTENVORVERKAUF

– *Leipzig Ticket Service, Leipzig-Information, Richard-Wagner-Str. 1, Tel. 710 42 85*
– *Ticketgalerie, Barthels Hof, Hainstr. 1, Tel. 14 14 14, www.ticketgalerie.de*
– *Leipziger Volkszeitung, Peterssteinweg 14, Tel. 01805/21 81 50, www.lvz-ticket.de*

LEIPZIG CARD

Freie Fahrt mit Bus und Bahn und Preisvorteile von 10–50 Prozent in

Museen, Theatern oder bei Stadtrundfahrten bietet die *Leipzig Card.* Es gibt sie als Tageskarte *(7,40 Euro)* oder 3-Tageskarte *(15,50 Euro)* in Hotels und beim *Leipzig Tourist Service (Richard-Wagner-Str. 1).*

MITFAHRZENTRALE

Am Hauptbahnhof
Goethestr. 7–10, Mo–So 8–20 Uhr, Tel. 19 44 00

ÖFFENTLICHE VERKEHRSMITTEL

Die Leipziger Verkehrsbetriebe betreiben Busse und Straßenbahnen. Einzelfahrten (für eine Stunde, mit Umsteigeberechtigung) gibt es für 1,60 Euro. Eine Tageskarte bringt Sie für 4,60 Euro durch die Stadt. Fahrpläne im Internet unter *www.lvb.de.*

Nightliner
Ab Hauptbahnhof tgl. 1.11, 2.22, 3.33 Uhr, 10 Linien in alle Richtungen, Einzelfahrschein 1,60 Euro

PARKEN IN DER CITY

Wozu sich Knöllchen einfangen? Die Parkhauspreise sind zivil.
– *Tiefgarage Augustusplatz:* 1250 Stellplätze, hell, übersichtlich, zwischen Oper und Gewandhaus. Vor Vorstellungsbeginn am Automaten im Foyer den Parkschein entwerten.
– *Hauptbahnhof-Promenaden Parkhaus Ost und West:* 1300 Plätze
– *Tiefgaragen Löhrs Carré:* (zwei Zufahrten) 596 Plätze, Löhrstraße
– *Marktgalerie:* 462 Plätze, über Thomasgasse
– *Parkhaus Martin-Luther-Ring:* 400 Plätze, über Otto-Schill-Straße
– *Tiefgarage Burgplatz/Petersbogen:* 630 Plätze, über Martin-Luther-Ring, Lotterstraße

Was kostet wie viel?

Kaffee	**1,50–3 Euro** für eine Tasse im Café
Eis	**1–2 Euro** für zwei Kugeln Eis
Wein	**2,50 Euro** für ein Glas Wein
Bratwurst	**2–2,50 Euro** vom mobilen Stand
Kabarett	**10–15 Euro** für eine Karte
Museen	**1–4 Euro** für eine Eintrittskarte

SPORT

Bootsverleih Herold **[107 D4]**
Ruderboote, Paddelboote, Kanadier zum Selbersteuern oder Gruppenmotorbootfahrt mit Schiffsführer, Kaffee und Kuchen. *Antonienstr. 2, tgl. 10–20 Uhr (bei geeignetem Wetter), Tel. 401 10 59*

Fußball
Der 1. FC Lokomotive Leipzig spielt im *Bruno-Plache-Stadion, Connewitzer Str. 21,* der FC Sachsen im Leutzscher *Alfred-Kunze-Sportpark* und im *Zentralstadion (Am Sportforum 1).*

Pferderennen
Rennbahn Scheibenholz, Rennbahnweg 2, Saison Mai–Nov.

Schwimmen

Im Sommer sind der *Cospudener See (Straßenbahn 3, Huttenstraße, Bus 65, Nordstrand)* oder der *Kulkwitzer See* in Grünau *(Straßenbahnen 1, 2, Lausen)* beliebt. *Sachsen-Therme siehe Kasten S. 30.*

STADTFÜHRUNGEN & EXKURSIONEN

– *Leipzig Details, Haus der Demokratie, Bernhard-Göring-Str. 152, Tel. 303 91 12, www.leipzigdetails.de,* Stadtführungen zu Fuß, per Rad und zu Wasser

– *Leipzig Erleben GmbH, Tourist-Service, Richard-Wagner-Str. 1, Tel. 710 42 30,* Stadtrundfahrten, Spaziergänge, thematische Rundgänge, Radtouren

– *Mai-Regiotour, Hafenstr. 23 am Cospudener See, Tel. 86 32 99 38,* Insider Tipp Südraumtouren vom Bergbau zur Seenplatte

– *Treffpunkt Leipzig, Friedrich-Ebert-Str. 33, Tel. 149 78 79, www.treffpunkt-leipzig.com,* thematische Rundgänge, Rundfahrten im Oldtimer

TAXI

Die *Älteste Leipziger Funktaxenzentrale (Tel. 48 84)* und das *Löwen-Taxi (Tel. 98 22 22)* erteilen auch Auskünfte zu An- und Abflugzeiten der Airlines.

TELEFON

Vorwahl für Leipzig innerhalb Deutschlands: *0341*

ZEITUNGEN

Einzige regionale Tageszeitung ist die »Leipziger Volkszeitung« *(www.lvz-online.de).* Das Stadtmagazin »Kreuzer« *(www.kreuzer-leipzig.de)* bietet monatlich einen Veranstaltungskalender und Adressen. Die kostenlosen Stadtmagazine »Blitz« und »Fritz Leipzig« liegen in Kneipen und an Veranstaltungsorten aus.

Wetter in Leipzig

	Jan.	Feb.	März	April	Mai	Juni	Juli	Aug.	Sept.	Okt.	Nov.	Dez.
Tagestemperaturen in °C	2	4	8	13	19	22	24	23	19	13	7	3
Nachttemperaturen in °C	–3	–2	1	4	8	12	13	13	10	6	1	–1
Sonnenschein Std./Tag	2	3	4	6	7	7	6	6	6	4	2	1
Niederschlag Tage/Monat	10	8	9	9	9	9	10	10	8	8	8	10

Cityatlas Leipzig

Die Seiteneinteilung für den Cityatlas finden Sie auf dem hinteren Umschlag dieses Reiseführers

Autobahn Motorway		Autoroute Autosnelweg
Schnellstraße Multilane divided motorroad		Route à chausées séparées Autoweg met gescheiden rijbanen
Bundesstraße National road		Route nationale Nationale weg
Hauptstraße Main road		Route principale Hoofdweg
Straßentunnel Road tunnel		Tunnel routier Galleria
Fuß-, Feld-, Waldweg Foot-, field-, woodpath		Sentier, chemin rural, -forestier Voetpad, landweg, bospad
Treppe - Fußgängerzone Steps - Pedestrian zone		Escalier - Zone piétonne Trap - Voetgangerzone
Einbahnstraße One way street		Voie à sens unique Straat met eenrichtingsverkeer
Eisenbahn mit Bahnhof Railway with station		Chemin de fer avec gare Spoorweg met station
S- Bahn mit Station Rapid transit with station	S	Train rapid avec gare Stadspoor met station
U-Bahn mit Station Underground with station	U	Métro avec station Ondergrondse spoorweg met station
Straßenbahnlinie mit Endstelle Tramway with terminus	12 94	Ligne de tram avec terminus Tramlijn met eindpunt
Buslinie mit Endstelle Bus route with terminus	94 12	Ligne d'autobus avec terminus Buslijn met eindpunt
Fluss mit Fähre River with ferry		Rivière avec bac Rivier met veerboot
Bebauung, öffentliches Gebäude Industriegelände Built-up area, public building Industrial area		Terrain bâti, bâtiment public Terrain industriel Woongebied, openbaar gebouw Industriegebied
Park, Wald - Friedhof Park, wood - Cemetery		Parc, bois - Cimetière Park, bos - Begraafplaats
Quelle - Wasserbehälter Spring - Reservoir		Source - Reservoir d'eau Bron - Waterreservoir
Parkplatz - Parkhaus Car park - Parking house	P P	Parking - Bâtiment parking Parkeerplats - Parkeergarage
Kirche - Denkmal Church - Monument		Eglise - Monument Kerk - Monument
Synagoge - Moschee Synagogue - Mosque		Synagogue - Mosquée Synagoge - Moskee
Feuerwache - Krankenhaus Fire brigade - Hospital	F	Poste de pompiers - Hôpital Brandweer - Ziekenhuis
Polizeiwache - Post Police - Post office		Police - Bureau de poste Politie - Postkantoor
Jugendherberge - Campingplatz Youth hostel - Camping site	D J H	Auberge de jeunesse - Camping Jeugdherberg - Camping
Turm - Funkturm Tower - Radio tower		Tour - Tour radio Toren - Zendemast
Hervorragende Bäume Outstanding trees		Arbes isolés Markante bomen
Mühle - Wassermühle Windmill - Watermill		Moulin à vent - Moulin à eau Windmolen - Watermolen
Stadtspaziergänge City walks		Promenades en ville Wandelingen door de stad

A
B
C
1
2
3
4
5
6
103
107
Gemeinde-Zentr.
Alt.-Hm.
Leibniz-
Funkenburg-
Färber-str.
Jacob-str.
Humboldt-str.
Rosentalgasse
Naturkunde mus.
Pfaffendorfer Str.
Keil-str.
Jüd.-Gem.
Volks-hochschule
Pac hof-
Dt. Zentralbüch. f. Blinde
G.- Adolf-str.
Tröndlin-
Richard-Wagner-Pl.
Richard-
Jahn-allee
Klinik
IHK
Naundörfchen
Thomasius-str.
Brühl
Romanus-haus
Hain-str.
Katharinenstr.
Lessing
Poniatowski-plan
Schule
Gottsched-str.
Goerdelerring
Schulmus. u. Mus.i. d.R.Ecke
Matthäi-kirchhof
Kl. Fleischerg.
Fleischergasse
Frege-haus
Alte Waage
Mus.f. Stadt-gesch.
Neue Szene
Hoch-schule für Musik
Dittrich-ring
Dittrichring
Gr.
Barfußgäßch.
Markt
Haus Leipzig
Schau-spielhs.
Mendelssohn-str.
Alexander-str.
Kollwitz-Str.
Bose-str.
Nikisch-pl.
Mahn-mal
Musik-instr.-mus.
Kloster-G.
Thomas-G.
Thomas-kirche
Thomas-kirchhof
Grim-
Messe-hs. a. Markt
Messeh. pass.
Mus. Kunsthandwerk
Käthe-
Westplatz
Friedrich-Ebert-Str.
Zentral-str.
Apels Garten
Lurgen-steins-Steg
Pleißemühl-graben
Boseshs.
Bach- u. Apothk.-mus.
Burg-str.
Peters-hof
Peters-str.
Sporer-gäßchen
Ägypt. Mus.
Preuss. gäßch.
Max-str.
Dorotheen-pl.
Otto-Schill-Str.
Theater Spielgem.
Kolonnadenstr.
Gustav-Mahler-str.
Beckmann-Str.
Zimmer-str.
Alter Amtshof
Martin-Luther-ring
Rats-freischulstr.
Drei Könige
Stent. Hof
Peterskirchhof
Lassalle-Str.
Reichel-str.
Rudolphstr.
Mark-
Bürger-amt
Stadt-hs.
Burg-pl.
Schloßg.
Lotter-str.
Neues Raths.
H.-Licht-Str.
grafen-str.
Ferd.-Str.
Manet-str.
Sch.
Paul-Gerhardt-Weg
Goerdeler-Ring
Roß-
Johannapark
Harkort-str.
Nonnen-mühlgr.
Steinweg
Wilh.-Leusch-ner Pl.
Stadt-bibl.
Sächs. Akad. d. Wiss.
Europa-haus
Tauchnitz-Str.
Wilh.-str.
Dimitroffstr.
Landgericht
Stud.-Werk
Galerie f.Zeitgen. Kunst
Ferd.-Rhode-
Grassi-str.
Amerika-Haus
Wächter-
HTWK Hochsch. f. Musik u. Theater
Hochsch. Grafik u. Buchkunst
Bundes-verwalt.-gericht
Simson-pl.
Seyfferth-str.
Str. des 17.Juni
Härtel-
E.-Schneller-Str.
Beethoven-
Univ.-Bibl.
Univ. Geistes-wiss.Zentr.
Münzgasse
K.-Liebknecht-Str.
Hoch-sch.
Schwäg-richen-
World Trade Center
Riemann-
Emilien-
Univ.-Neuro Psych.
Bibliothek
Schletter-pl.
Schletter-
Mozart-
Alt.-Hm.
200 m
Schule
Karl-
Floß-platz
Hohe

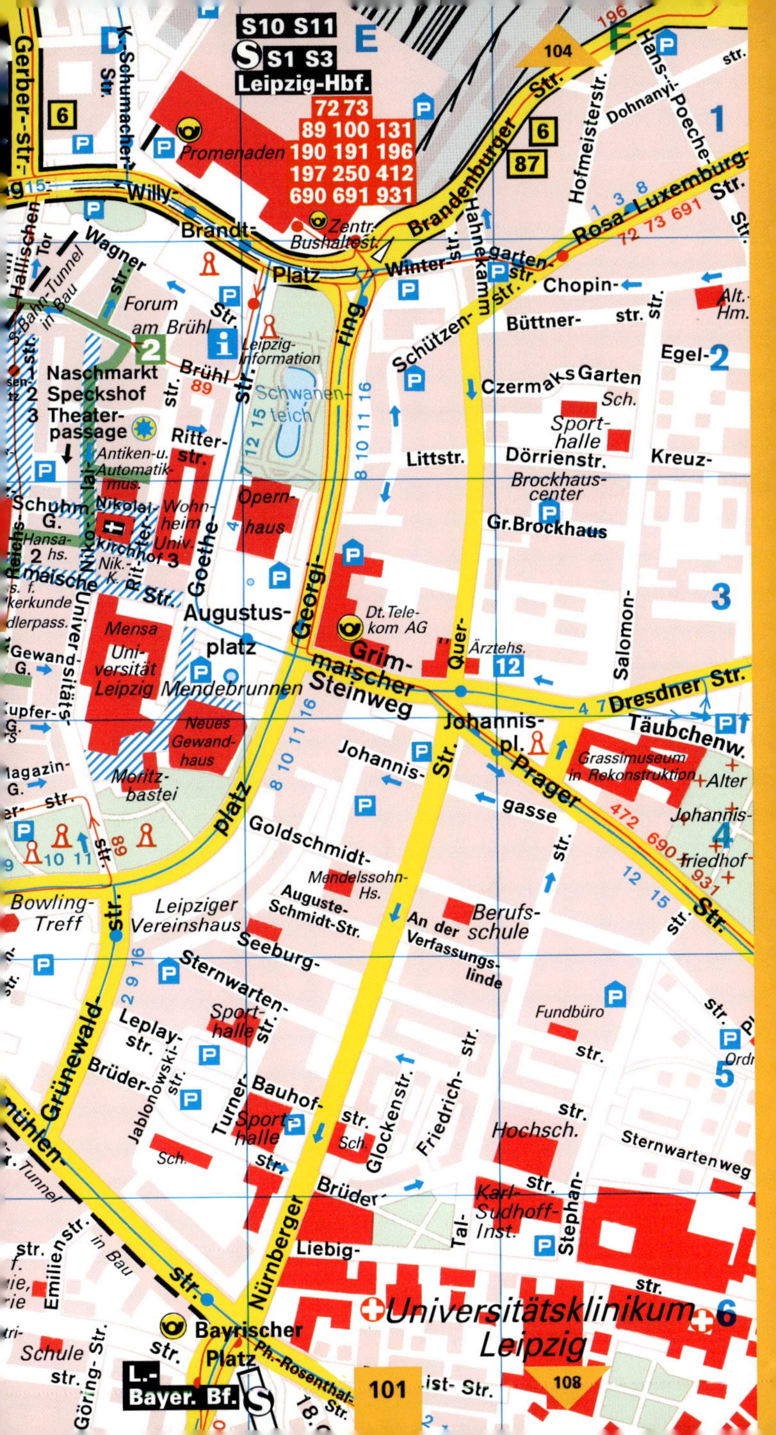

S10 S11
S1 S3
Leipzig-Hbf.
72 73
89 100 131
190 191 196
197 250 412
690 691 931
Promenaden
Zentr. Bushaltest.
Willy-Brandt-Platz
Brandenburger Str.
Hofmeisterstr.
Dohnanyistr.
Hans-Poeche-Str.
Rosa-Luxemburg-Str.
Wintergartenstr.
Hahnekamm
Gerber-Str.
K.-Schumacher-Str.
Wagner-str.
Hallisches Tor
S-Bahn-Tunnel in Bau
Forum am Brühl
Brühl
Leipzig-Information
Schwanenteich
Naschmarkt
Speckshof
Theaterpassage
Antiken-u. Automatik-mus.
Ritterstr.
Nikolaikirchhof
Wohnheim Univ.
Opernhaus
Goethestr.
Georgiring
Schützenstr.
Chopinstr.
Büttnerstr.
Egelstr.
Alt. Hm.
Czermaks Garten
Sch.
Sporthalle
Dörrienstr.
Kreuzstr.
Littstr.
Brockhauscenter
Gr.Brockhaus
Dt.Telekom AG
Ärztehs.
Querstr.
Salomonstr.
Augustusplatz
Grimmaischer Steinweg
Grimmaische Str.
Universitätsstr.
Schuhm. G.
Hansa-hs.
Nik.-K.
Mensa
Universität Leipzig
Mendebrunnen
Neues Gewandhaus
Gewand-G.
Kupfer-G.
Magazin-G.
Moritzbastei
Dresdner Str.
Johannispl.
Täubchenw.
Grassimuseum in Rekonstruktion
Alter Johannisfriedhof
Prager Str.
Johannisgasse
Goldschmidtstr.
Mendelssohn-Hs.
Auguste-Schmidt-Str.
Berufsschule
An der Verfassungslinde
Leipziger Vereinshaus
Seeburgstr.
Bowling-Treff
Sternwartenstr.
Sporthalle
Leplaystr.
Brüderstr.
Jablonowskistr.
Turnerstr.
Bauhofstr.
Sporthalle
Sch.
Glockenstr.
Friedrichstr.
Fundbüro
Hochsch.
Sternwartenweg
Grünewaldstr.
Windmühlenstr.
Tunnel in Bau
Nürnberger Str.
Liebigstr.
Talstr.
Karl-Sudhoff-Inst.
Stephanstr.
Universitätsklinikum Leipzig
Emilienstr.
Schule
Göring-Str.
Bayrischer Platz
L.-Bayer. Bf.
Ph.-Rosenthal-Str.
Liststr.
Ordr
104
101
108

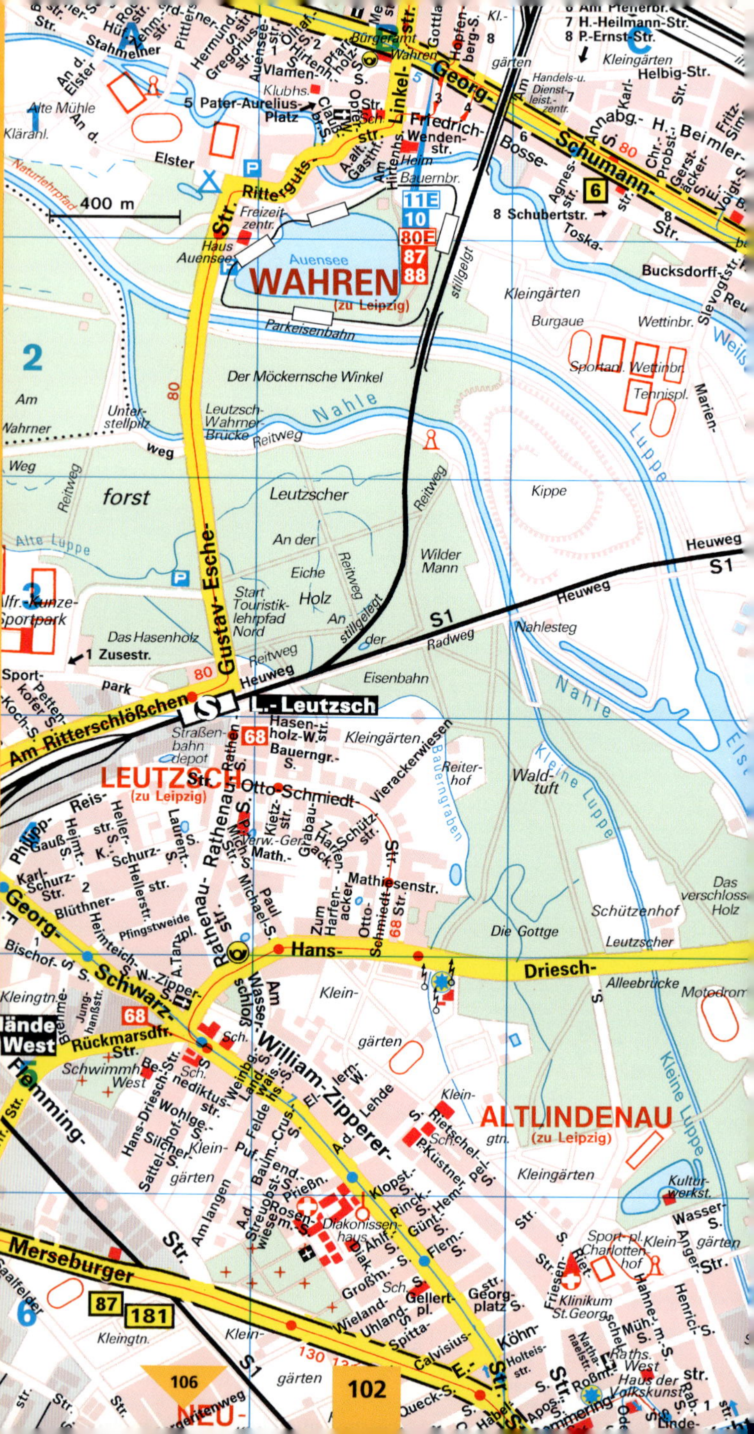

WAHREN
(zu Leipzig)
Auensee
Haus Auensee
Freizeitzentr.
Parkeisenbahn
Rittergutsstr.
Gustav-Esche-Str.
Georg-Schumann-Str.
Linkelstr.
Friedrich-Bosse-Str.
Pater-Aurelius-Platz
Alte Mühle
Kläranl.
Elster
Naturlehrpfad
400 m
Bauernbr.
stillgelgt
Kleingärten
Burgaue
Wettinbr.
Sportanl. Wettinbr.
Tennispl.
Bucksdorff-Str.
Schubertstr.
Toska-Str.
Der Möckernsche Winkel
Nahle
Leutzsch-Wahrner-Brücke
Reitweg
Unterstellplz
Am Wahrner Weg
Luppe
Kippe
Leutzscher Holz
An der Eiche
Wilder Mann
Heuweg
S1
Alte Luppe
Alfr.-Kunze-Sportpark
Das Hasenholz
Start Touristiklehrpfad Nord
Radweg
Nahlesteg
Eisenbahn
Zusestr.
Am Ritterschlößchen
L.-Leutzsch
Straßenbahndepot
LEUTZSCH
(zu Leipzig)
Rathenaustr.
Otto-Schmiedt-Str.
Viereckerwiesen
Bauerngraben
Reiterhof
Waldtuft
Kleine Luppe
Mathiesenstr.
Schützenhof
Das verschlossene Holz
Die Gottge
Leutzscher Alleebrücke
Hans-Driesch-Str.
Motodrom
Georg-Schwarz-Str.
Rückmarsdfr. Str.
Schwimmh. West
Flemming-Str.
William-Zipperer-Str.
ALTLINDENAU
(zu Leipzig)
Kleingärten
Kulturwerkst.
Diakonissenhaus
Klinikum St. Georg
Charlottenhof
Merseburger Str.
Saalfelder Str.
Georg-Schwarz-Platz
Haus der Volkskunst
87
181
106
102

MÖCKERN
(zu Leipzig)
ZENTRUM-NORDWEST
MITTE
ZENTRUM-WEST
GOHLIS-SÜD
(zu Leipzig)
Max-Liebermann-Str.
Hannoversche
Papitzer Str.
Radefelder Str.
Glesiener Str.
L.-Slevogt-Str.
Diderot-Str.
Uhrig-Str.
Rousseau-str.
Voltaire-str.
Clausew.-str.
Yorck-str.
Huygensstr.
Landesversicherungsanstalt
Berufsförderungswerk
Arbeitsamt
L.-Olbricht-Str.
Lager
Th.-Körner Kas.
Olbricht-Str.
1 Pl. des 20.Juli 1944
2 Matthisonstr.
Wehrbereichskommando VII
Tresckowstr.
Witzlebenstr.
Lotze-Str.
Vier-tels-Str.
Oster-Str.
Roßlauer Str.
Hans-Str.
Stauffenberg-S.
Jäger-S.
Hoepner-str.
L.-Beck-Str.
Kleingtn.
2,7m
L.-Coppiplatz
Coppi-pl.
Coppi-
Braunschweiger Str.
Oldenbg. Str.
Kapellenfriedhof
Neuer Friedhf.
Hölderlin-S.
Claudius-str.
Franz-Mehring-
Goslaer Str.
Quedlinburger
Kleingärten
Georg-Schumann-
Kirschberg-
Wolffs
Klubhs. Anker
Kleingärten
1 Kernstr.
2 Elsterblick
3 Thärigenstr.
L.-Möckern
4 Laubestr.
Kleingärten
Heuweg
Schwimmhalle Mitte
"Axis pass."
Bibl.
Seelenb.-str.
Faraday-str.
Magdeburger Str.
Bürgeramt
Elsbeth-
Cöthner S.
Schacht-S.
Wiederitzscher Str.
Kasseler
Eisen.
Bothe-S.
Möckernsche S.
Breitenfelder
Lindenth. S.
Natonek-S.
Str.
Halberst.-Str.
Freiligr.-pl.
L.-Gohlis
3,8m
Blumen-
Regenens. S.
Sas-
Gothaer Str.
Lützow-
Erfurt.-
Stallbaum-S.
Heinroth-S.
Herloßsohn-
Fechn.-
Stolle-str.
Pölitz-S.
Weinlig-
Marbach-str.
Berggartens.
Mus. Schillerhäusch.
Schiller-weg
Kirch-pl.
Richter-
Kleingärten
Kleingtn.
Parthe
Marienbr.
Kettenbrücke
Marien-
Elstermühlgraben
Rosentalhügel
Aussichtsturm
125
Kläranl.
Radweg
Herloßsohnst.
Tennispl.
Kleingärten
Heim
Schillersteg
Gohlis. Wehr-Br.
Platnerstr.
Poeten-W.
Gohl. Schlösschen
Poetenw.
Kickerlingsberg
Gohliser
Primavesi-S.
Schloß-S.
Leibniz-
Schlösssteg
Wilhelmsteg
Herrenallee
Waldstr.
Breite
Möckernsche Allee
Friedenseiche
Rosental
Das Niederholz
Olympiastützpunkt
Hochsch.
1 Eitingonstr.
Blinden-park
1 Gneisenaustr.
2 Michaelistr.
3 Packhofstr.
Zoolog. Garten
Zoo-Schaufenster
Landauer Brücke
Am Sport-
Leutzscher A.
Zöllner-
Waldstr.-brücke
Tennisanl.
Schönauer Allee
Große Wiese
Kongresshalle
Sporthalle
Eitingon-
Goya-
Max-Planck-
Am Mückenschlößchen
Robert-Koch-Pl.
Kuh-turm-allee
Louise-Otto-Peters-Pl.
Emil-Fuchs-Str.
Pfaffendorfer
Sport-forum
Sportmus.
Zentralstadion
Sport-u. Bäderamt
Christian-
Wettiner
Feuerbach-
Friedrich-Ebert-
Leibnizbrücke
Kath. Gem. Zentr.
Jacob-
Humboldt-
Zentr.büch. f.Blinde
Glockenturm
forum
Festwiese
"Arena Leipzig"
Hinrichsen-
Gustav-Adolf-
Wald-platz
Tschaikowski-
Funkenburg-
Alt. Hm.
Klinik
Thomas.
Neue Szene
IHK
Naund.
Goerdeler-ring
Elsterbecken
Kleinmesse-gelände
1 Henricistr.
2 Kindstr.
Zeppelin-brücke
Jahn-
Anger-brücke
Handelshochsch.
Univ. Leipzig Fakultät Sportwissenschaft
Marschner
AOK
Cottaweg
Lessing-
Gottsched-
Hs.Leip.
Käthe-Kollwitz-S.
West-platz
Schreberbrücke
Mendelss.
Nikisch-pl.
Lurg-stg.
Dorotheen-pl.
Dittrich-
Elster-
Schauspiel
Palmen-
Thomas Sch.
131
130
87
181
103
107

A
B
C
1
2
4
12
EUTRITZSCH
(zu Leipzig)
GOHLIS-MITTE
(zu Leipzig)
GOHLIS-SÜD
ZENTRUM-NORD
ZENTRUM
ZENTRUM-OST
Hannoversche Str.
Oldenbg. Str.
Braunschweiger S.
Kapellenfriedhof
Neuer Friedhf.
Kleingärten
Quedlinburger S.
H.-Mann-S.
Renoirstr.
Strelitzer S.
Rietzschke
Gräfe-S.
Mothesstr.
Magnusstr.
Diesterwegstr.
Kleingtn.
Fußg.-Br.
Zschortauer Str.
Maximilian-Allee
Kleist-S.
Schwimmhl. Nord
Nietzsche-S.
Delitzscher Str.
Mosenthin-S.
Hammstr.
An der Querbreite
Berufl. Schulzentr.
Baader-S.
Grüner W.
Arthur-Bretschneider-Park
Hegel-S.
Rathaus
Eutritzsch Markt
Thaer-str.
Gottschall-S.
Coppi-pl.
Coppistr.
Schönefelder Str.
Werkstättenweg
Am Flügelrad
Görlitzer Str.
Daumier-S.
Halberst.-Str.
Freiligr.-pl.
Benedix-str.
Virchowstr.
Dinter-S.
Lenau-S.
Mörike-S.
Kreisger. Nord
Wittenberger Str.
Heinickestr.
Gedikestr.
Bonhoefferstr.
Hamburger Str.
Dieselstr.
L.-Gohlis
3,8m
Lindenthaler Str.
Blumen-S.
Rückert-S.
Schinkelstr.
Schiebe-S.
Kunad-S.
Salzmann-S.
Anhalt. Str.
Hartz-S.
Hamb. S.
Blochmannstr.
Auerbachpl.
Erlens.
3,7m
Wilhelmin.-str.
Petzscher S.
Theresienstr.
Zerbst. S.
Gothaer Str.
Erfurt.-S.
Lützowstr.
Schumannstr.
Bleichert-S.
Seger-S.
Richterstr.
Preller-S.
Kirchpl.
Schillerweg
Gohl. Schlösschen
Poetenw.
Lumumbastr.
Gohliser Str.
Fricke-S.
Delitzscher Str.
Lager
Zerbster S.
Dessauer Str.
Bitterfelder Str.
Dessauer S.
Kickerlingsberg
Ehrenstr.
Polen
Funkhs.
Balzacstr.
Eutritzscher Str.
1 Mechlerstr.
Gewerbegebiet Petzscher Mark
Str.-bahn-dep.
Kleingtn.
Rothe-Str.
Nordpl.
Bad
Roscherstr.
Berliner Str.
Rackwitzer Str.
Brandenburger Str.
Zoolog. Garten
Kongresshalle
Parthe
Fin.-Amt
Arb.-Ger.
Fin.-A.
Wilh.-Liebknecht-Pl.
Erich-Weinert-Str.
Berliner Str.
Parthenstr.
1 Hahnekamm
1 Einertstr.
2 Bussestr.
3 Melanchth.
Emil-Fuchs-Str.
Uferstr.
Pfaffendorfer Str.
Gerberstr.
Kurt-Schumacher-Str.
Güterstr.
S1
Mecklenb.
Eisenbahnstr.
Humboldtstr.
Volkshochsch.
Jüd. Gem.
Keilstr.
L.-Hauptbf.
Tröndlin-R.
Willy-Brandt-Pl.
Rosa-Luxemburg-Str.
Ludwig-Erhard-Str.
Richard-Wagner-Str.
Brühl
Goerdelerring
Naund.
Neue Szene
Kollwitz-S.
Dittrichring
Mus. Gr.
Fleisch.
Barfußgäßl.
Mkt.
Altes Rathaus
Nikolaistr.
Oper
Schützenstr.
Chopin-S.
Büttnerstr.
Czermaks-Gtn.
Dörrien-Str.
Kreuzstr.
Brockhs.
1 Ranftsche G.
Kultur-hs.
Marienpl.
Littstr.
Grimma.
Univ.
Augustus-pl.
Georgiring
Querstr.
Salomonstr.
Insel-str.
Scherl-S.
Lange Str.
Gabelsberg.-S.
Grimmaisch. Steinw.
Johannis-pl.
Dresdner Str.
Rabenst.-pl.
Taubchenweg
Grassimus. (in Rekonstruktion)
Neumarkt
Universitätsstr.
Preußerg.
Thomas-G.
Lurg.
Dorotheen-pl.
Kolonnad.-pl.
Beckmannstr.
Perthes-S.
108

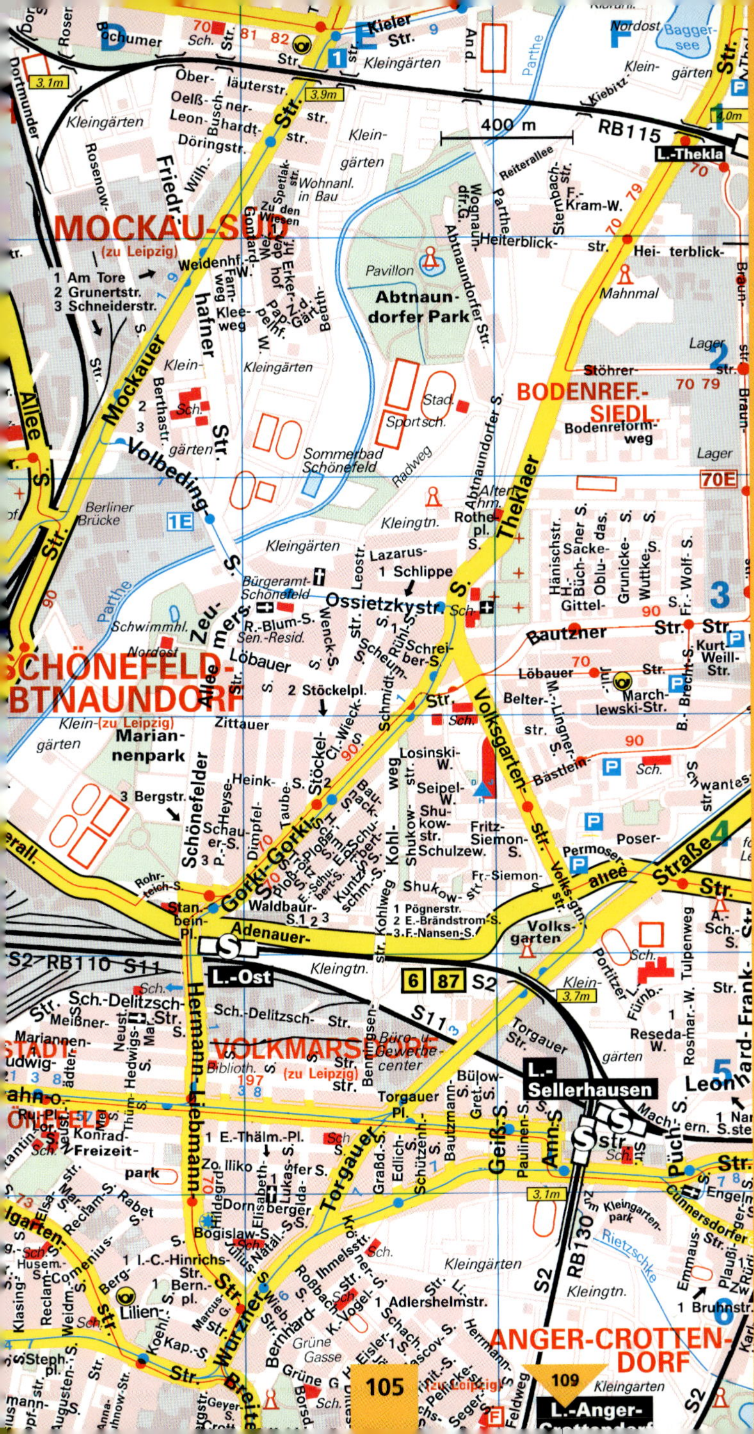

MOCKAU-SÜD
(zu Leipzig)
1 Am Tore
2 Grunertstr.
3 Schneiderstr.
Mockauer Str.
Friedr.-Wilh.-Str.
Bochumer Str.
Kieler Str.
Oberläuterstr.
Oelßnerstr.
Leon-Buschhardt-Str.
Döringstr.
Dortmunder Str.
Rosenow-Str.
Kleingärten
Wohnanl. in Bau
400 m
RB115
L.-Thekla
Reiterallee
Sternbach-str.
F.-Kram-W.
Heiterblick-str.
Mahnmal
Abtnaundorfer Park
Pavillon
Parthe
Abtnaundorfer Str.
BODENREF.-SIEDL.
Bodenreformweg
Lager
Stöhrer-str.
Braunstr.
Theklaer Str.
Stad.
Sportsch.
Sommerbad Schönefeld
Radweg
Volbeding-S.
Berliner Brücke
Berthastr.
Hafner Str.
Mockauer Str.
Altenhm.
Rothe-pl.
Kleingtn.
Lazarus-
1 Schlippe
Bürgeramt Schönefeld
Ossietzkystr.
R.-Blum-S.
Sen.-Resid.
Schwimmhl.
Nordost
Zeumers-Allee
Löbauer Str.
2 Stöckelpl.
Zittauer
SCHÖNEFELD-ABTNAUNDORF
(zu Leipzig)
Mariannenpark
Bautzner Str.
Kurt-Weill-Str.
March-lewski-Str.
Belter-str.
Volksgarten-Str.
Bästlein
Schwantes-str.
Losinski-W.
Seipel-W.
Shukow-str.
Fritz-Siemon-S.
Schulzew.
Poser-
Permoser-allee
Straße
3 Bergstr.
Schönefelder
Heyse-
Heink-
Gorki-Str.
Rohrteich-S.
Stan.-bein-Pl.
Adenauer-
Waldbaur-S.
1 Pögnerstr.
2 E.-Brändstrom-S.
3 F.-Nansen-S.
Volksgarten
Kohlweg
S2 RB110 S11
L.-Ost
Kleingtn.
6 87 S2
Sch.-Delitzsch-Str.
Meißner-
VOLKMARSDORF
(zu Leipzig)
Büro- u. Gewerbecenter
Biblioth.
S11
Torgauer Str.
L.-Sellerhausen
Rosmar.-W.
Tulpenweg
Reseda-W.
Leonhard-Frank-Str.
Torgauer Pl.
Konrad-
Freizeit-park
1 E.-Thälm.-Pl.
Hermann-Liebmann-Str.
Torgauer Str.
Geiß-S.
Paulinen-S.
Ann.-S.
Püchauer Str.
Cunnersdorfer Str.
Engelm
Dornberger
Bogislaw-S.
Zum Kleingartenpark
Rietzschke
RB130
Kleingärten
Kleingtn.
1 I.-C.-Hinrichs-Str.
1 Bern.-pl.
Lilien-
Kap.-S.
Würzner Str.
Breite Str.
Reclam-S.
Comenius-
Rabet
1 Adlershelmstr.
Grüne Gasse
ANGER-CROTTENDORF
(zu Leipzig)
Emmaus-
1 Bruhnstr.
Kleingarten
L.-Anger-Crottendorf
105
109

102

A
NEU-LINDENAU
(zu Leipzig)
L.- Lindenau
LINDENAU
(zu Leipzig)
Haus der Volkskunst
Merseburger Str.
Henriettenpark
Karl-Heine-Kanal
Karl-Heine-Str.
Lützner Str.
Plaut-str.
Saarländer Str.
Spinnereistr.
Naumburger
Markranstädter Str.
L.-Plagwitz
PLAGWITZ
(zu Leipzig)
Stadtteilpark
Ind.-Mus.
Industrie-
Gewerbegebiet
Brünner Str.
Zschochersche Str.
Erich-Zeigner-Allee
Antonien-Str.
Diezmann-Str.
Gießer-Str.
Windorfer Str.
Stadion der Freundschaft
KLEIN-ZSCHOCHER
(zu Leipzig)
Volkspark
L.-Kleinzschocher
Leipziger Radrennbahn
Klär. Anl.
Ratzel-Str.
Kurt-Kresse-Str.
Friedhof L.-Kleinzschocher
SIEDL. AUFBAU
Schönauer Str.
Fußgängerbrücke
Kleingärten
P+R
400 m
GROSS-ZSCHOCHER
(zu Leipzig)
Weiden-weg
Dieskau-Str.
Anton-Zickmantel-Str.
L.-Großzschocher
Gerhard-Ellrodt-Str.
SIEDLUNG ERLENGRUND
Gutspark Großzschocher
Kunzestr.
Bismarck-str.
Falkenstein-str.
Küchenholz
1
2
3
4
5
6

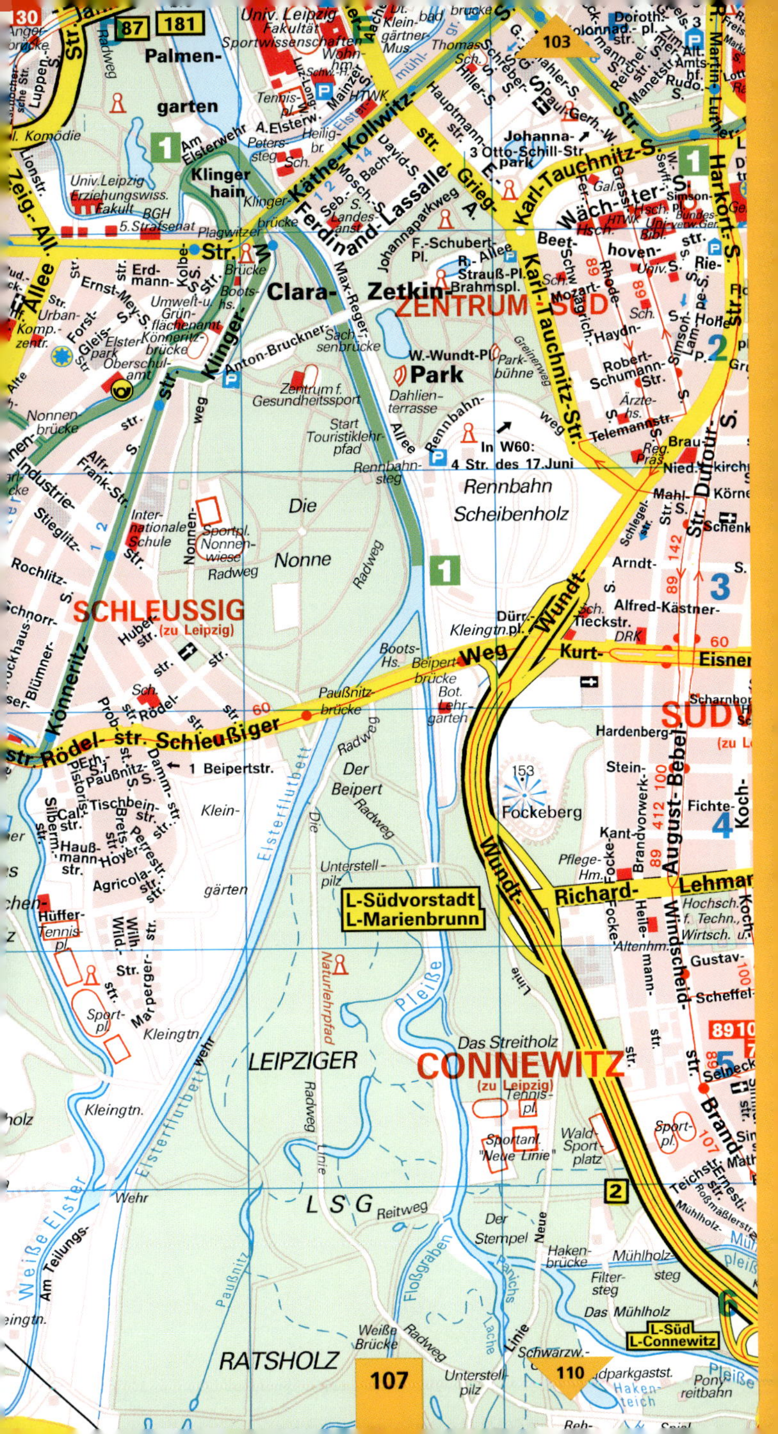

30
87
181
103
Univ. Leipzig Fakultät Sportwissenschaften
Palmen-
garten
Am Elsterwehr
Klinger hain
Klinger-brücke
Univ.Leipzig Erziehungswiss. Fakult.
BGH 5.Strafsenat
Plagwitzer Str.
Käthe-Kollwitz-str.
Ferdinand-Lassalle-Str.
Johannapark
Karl-Tauchnitz-S.
Harkort-S.
Martin-Luther-R.
Wächter-str.
Beethoven-str.
Johanna-park
3 Otto-Schill-Str.
F.-Schubert-Pl.
R.-Strauß-Pl.
Brahmspl.
Clara-Zetkin-Park
ZENTRUM-SÜD
Karl-Tauchnitz-Str.
Mozart-
Haydn-
Robert-Schumann-Str.
Telemannstr.
Anton-Bruckner-Allee
Sachsenbrücke
Zentrum f. Gesundheitssport
Start Touristiklehrpfad
Dahlienterrasse
Parkbühne
Rennbahnweg
Rennbahnsteg
In W60: 4 Str. des 17.Juni
Rennbahn Scheibenholz
Die Nonne
Nonnenwiese
Sportpl.
Radweg
Internationale Schule
Industrie-Str.
Stieglitz-Str.
Rochlitz-Str.
SCHLEUSSIG (zu Leipzig)
Könneritz-
Klinger-Str.
Nonnenbrücke
Ernst-Mey-S.
Erdmann-Str.
Umwelt-u. Grünflächenamt
Könneritzbrücke
Oberschulamt
Elsterpark
Kurt-Eisner-Str.
Wundt-Str.
Kleingtn.pl.
Dürr-
Tieckstr.
Alfred-Kästner-
Arndt-
Dufour-Str.
Beipert-Weg
Beipertbrücke
Bootshs.
Paußnitzbrücke
Bot. Lehrgarten
Schleußiger Weg
Rödel-str.
1 Beipertstr.
Der Beipert
Klein-gärten
Elsterflutbett
Die Linie
L-Südvorstadt
L-Marienbrunn
Fockeberg
153
Hardenberg
Stein-
Fichte-
Kant-
August-Bebel-
Richard-Lehmann-
Windscheid-
Hochsch. f. Techn., Wirtsch. u.
Gustav-
Scheffel-
Naturlehrpfad
Pleiße
Das Streitholz
CONNEWITZ (zu Leipzig)
LEIPZIGER
Tennispl.
Sportanl. "Neue Linie"
Wald-Sportplatz
LSG
Reitweg
Der Stempel
Neue Linie
Hakenbrücke
Mühlholzsteg
Filtersteg
Das Mühlholz
L-Süd
L-Connewitz
Weiße Elster
Am Teilungswehr
Wehr
Paußnitz
Floßgraben
Weiße Brücke
RATSHOLZ
107
Unterstellpilz
110
Schwarzw.-
Pony-reitbahn
Hakenteich
Brand-str.
SÜDVORSTADT (zu Leipzig)

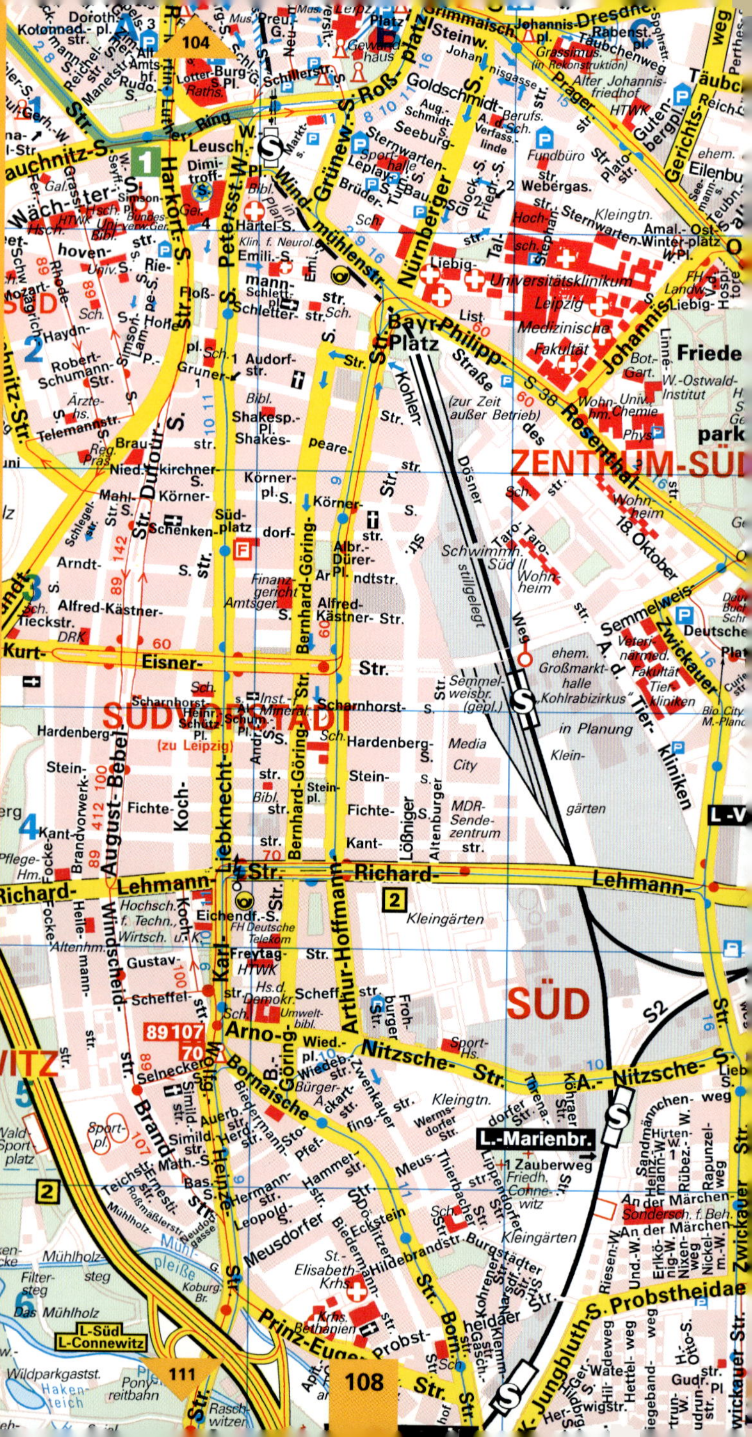
104
111
Kolonnad.-
Dorotheen-pl.
Reichel-str.
Manetstr.
Zimmer-str.
Rudolph-S.
Lotter-S.
Burg-pl.
Raths.
Schillerstr.
Leipzig
Gewandhaus
Grimmaisch Steinw.
Johannis-pl.
Dresdner-
Rabenst.-pl.
Täubchenweg
Grassimus. (in Rekonstruktion)
Alter Johannis-friedhof
Prager Str.
HTWK
Gutenbergpl.
Gerichts-weg
Täubchenweg
Reichs-
Roß-platz
Goldschmidt-str.
Berufs.
Martin-Luther-Ring
Leusch.-Pl.
Dimitroff-
Harkort-S.
Peterssteinweg
Wächter-S.
Beethoven-
Gal.
HTWK Hsch.
Simson-
Bundes-verw.Ger.
Univ. Bibl.
Windmühlenstr.
Grünew.-S.
Nürnberger
Sternwarten-
Sporthalle
Seeburg-
Leplay-
Brüder-
Talstr.
Stephanstr.
Sternwarten-
Liebig-
Universitätsklinikum
Leipzig
Medizinische Fakultät
Johannis-
Hospitaltore
Liebig-
Bayr. Platz
Philipp-Rosenthal-Straße
Kohlen-str.
(zur Zeit außer Betrieb)
Dösner Weg
ZENTRUM-SÜD
Wohnheim
18. Oktober
Semmelweis-
Zwickauer
Veterinärmed. Fakultät
Tierkliniken
Deutsche
ehem. Großmarkt-halle
„Kohlrabizirkus"
in Planung
Kleingärten
Schwimmh. Süd II
stillgelegt
Semmelweisbr. (gepl.)
Media City
MDR-Sende-zentrum
Bot. Gart.
W.-Ostwald-Institut
Friede
park
Amal.-Winter-platz
Ost-
Eilenbu
Kleingtn.
Webergas.
Fundbüro
Härtel-S.
Emili.-S.
Schletter-str.
Audorf-str.
Shakespeare-str.
Körner-str.
Süd-platz
Schenken-dorf-
Albr.-Dürer-Pl.
Arndtstr.
Finanzgericht
Amtsger.
Alfred-Kästner-Str.
Bernhard-Göring-Str.
Kurt-Eisner-Str.
Robert-Schumann-Str.
Telemannstr.
Haydn-
Mozart-
SÜD
Schnitz-Str.
Niedkirchner-S.
Dufour-str.
Mahl-S.
Schlegel-str.
Arndt-
Tieckstr.
DRK
Alfred-Kästner-
SÜDVORSTADT (zu Leipzig)
Scharnhorst-
Hardenberg-
Stein-
Fichte-
Kant-
Brandvorwerk-
August-Bebel-
Karl-Liebknecht-
Koch-
Arthur-Hoffmann-
Lößniger
Altenburger
Richard-Lehmann-Str.
Kleingärten
Pflege-Hm.
Hochsch. f. Techn., Wirtsch. u. K.
Eichendf.-S.
FH Deutsche Telekom
Freytag-Str.
HTWK
Gustav-
Scheffel-
Windscheid-
Helle-mann-
Altenhm.
Fockestr.
SÜD
S2
Arno-Nitzsche-Str.
A.-Nitzsche-S.
Sport-Hs.
Wied.-pl.
Wiedeb.-str.
Zwenkauer
Bürger-
Kleingtn.
Wermsdorfer Str.
Thierbacher Str.
L.-Marienbr.
Zauberweg
Friedh. Connewitz
An der Märchenwiese
Sondersch. f. Beh.
Lippendorfer Str.
Kleingärten
Burgstädter Str.
Kohrener Str.
Hildebrandstr.
Eckstein
St.-Elisabeth-Krhs.
Krhs. Bethanien
Biedermann-str.
Meusdorfer
Prinz-Eugen-Str.
Probst-
Born-Str.
K.-Jungbluth-S.
Probstheidaer
Zwickauer Str.
Bornaische
Selnecker-
Brandstr.
Simild.-str.
Auerb.-str.
Herder-str.
Sport-pl.
Wald-Sport-platz
Teichstr.
Ernesti-str.
Roßmäßlerstr.
Mühlholz-
Leopold-
Hermann-
Meusdorfer
Mühlholz-steg
Pleiße
Filter-steg
Das Mühlholz
L-Süd L-Connewitz
Wildparkgastst.
Hakenteich
Pony-reitbahn
Koburg. Br.
CONNEWITZ
89 107 70
Sandmännchen-weg
Rapunzel-weg
Rübez.-W.
Riesen-W.
Hettel-weg
Otto-S.
Gudr.-pl.
Wate-
Hilde-weg
Her-wigstr.
L-V

105
L.-Anger-Crottendorf
400 m
Kleingärten
S 79
Zweinaundorfer Str.
Breite Str.
Stadtteilpark
1 Charlottenstr.
Reudnitz
Univ.-Kdr.-klinik
Nerchauer Str.
Möbius-pl.
A.-Frank-Platz
Güterring
1 Steinberger Str.
2 Hofer Str.
Ostfriedhof
Crottendorf
Neunkirchen. S.
Saarlouis. S.
REUDNITZ-THONBERG
(zu Leipzig)
Stötteritzer Str.
Riebeck-Str.
Alten- u. Pflegeheim Andersen Nexö
Freibad Südost
Südost-stadion
Naherholungsgebiet
Stötteritzer Wäldchen
STÖTTERITZ
(zu Leipzig)
Papiermühl-Str.
L.-Stötteritz
Oberdorf-Str.
Sommerfelder Str.
Holzhäuser Str.
Bürgeramt Stötteritz
Kolmstr.
1 Lochmannstr.
2 Dorstigstr.
3 Baumeyerstr.
Altes Messegelände
Nordtor
Dt.Bundesbank Hauptverw.Leipzig
Ost-tor
Völkerschlachtdenkmal
Naunhofer Str.
Schönbach-Str.
Lausicker Str.
Ludolf-Colditz-Str.
Schwimmh. Südost
Wilh.-Külz-Park
Carl-Hampel-Platz
Friedhofsweg
An der Tabaksmühle
Napoleonstein
Am Wasserwerk
Prager Str.
Kom.-Prendel-Allee
Sportanlage
Kleingtn.
SIEDL. AN DER TABAKSMÜHLE
1 Grimmweg
2 Arminiushof
3 Kehrwieder
4 Torweg
5 Spalierweg
Völkerschlachtdenkmal
Südfriedhof
1 Wachauer Str.
2 Mauersberger S.
Kapellen- u. Feuerbestattungsanlage
J.-J.-Weber-Pl.
Freizeitpark Südost
MARIENBRUNN
(zu Leipzig)
SIEDL. MARIENTAL
Russen-Str.
Volkspark Probstheida
Connewitzer Str.
Bruno-Plache-Stadion
Bruno-Plache-Stadion Halle
Dösner Str.
Chemnitzer Str.
WOHNKOMPLEX JOH.-R.-BECHER
PROBSTHEIDA
(zu Leipzig)
109

RATSHOLZ
A
B
C
107
1
2
3
4
5
6
S 46
Lehmlache Lauer
Radweg
Naherholungsgebiet
Wildpark
Unterstell-pilz
Schwarzw.-Geh.
Wildparkgastst.
Pony-reitbahn
Hakenteich
Reh-geh.
Elch-gehege
Spiel-pl.
Hochflutbett der Pleiße
Rot-u. Dammwild-geh.
Muffel-wildgeh.
Wisent-geh.
Neue
Kläranlage
Der Horst
Die Gautzscher Spitze
Am Wolfs-
Ziegelei-
Eingangs-gebäude
Pausnitz
Erlebnisachse
Waldseeweg
Waldsee Lauer
Grenzgraben
Kelchsteinlinie
1 Am Obstgarten
2 Am Eichenbogen
3 Ahornweg
4 Eschenweg
5 Ernst-Sommerlath-W.
6 Kammgarnweg
7 Spindelweg
Lauerscher
Service-station
Nord-strand
Steg
Ökologische
Floßgraben
Equipagen-weg
Equipagenweg
Großer Bogen
Kl. Bogen
Spinnerei-weg
Kirsch-allee
M.- WEST
Hochschule f. Technik, Wirt-schaft u. Kultur
Ringgraben
Keesscher Park
1 Gautzscher Pl.
Lauersche
Pfarrgasse
Arztehs.
Borngasse
Cospudener See
Gymnasium
Zöbigker Weg
Offen-
Mehring-
Mendelssohn-str.
Abendsonne
Auerb. Hof
Blum-Str.
Aug.-Bebel-
Städtel-bach
Th.-Körner-Platz
Rathaus-
Dreifeld-derth.
Koburger Str.
Ring
Riquetstr.
Sonnensiedl.
R.-Havemann-Str.
R.-Luxemb.-S.
Karl-Liebkn.-S.
Seb.-Bach-Str.
Kregel-S.
Bauverein-str.
Wasserturm-str.
Böhlener Str.
Zwenk.
Volksgut Gautzsch
Kaiserweg
Waldweg
Forsthaus Raschwitz
Breitscheid-
Am Wolfswinkel
Fuchsbau
Bärlauchweg
Buntgarnstr.
Cramer-R.
Ladestr.
P.-Rosegger-W.
G.-Keller-W.
W.-Busch-Str.
W.-Raabe-Str.
Energie-Str.
Pater-
Kath. K.
Dietr. Bonhoeffer
Kolbe-Str.
Ebert-
MARKKLEEBERG
1 Ligusterring
2 Brombeerweg
3 Neusässer Str.
4 Fresienweg
5 Dahlienweg
6 Erikenweg
7 Akeleiweg
8 Enzianweg
9 Edelweißweg
10 Malvenbogen
Golf-platz
Seen-allee
S46
Hemminger Bogen
Eulenberg-Allee
Alten-heim
Einkaufszentr. Markkleeberg
Bowling-bahn
Freiburger
Astern-weg
Sonnenweg
Goldl.-W.
Blumen-W.
SIEDL. EULENBERG
Am Feldrain
Lilien-W.
Erbenweg
Hainbuch.-str.
Herrmann-
Käthe-Kollwitz-
Bade-strand
Surfen
Mühl-weg
Quer-weg
An d. Waage
Am Winkel
Prödelner
1 Hopfenweg
2 Hagebuttenweg
3 Gladiolenweg
4 Geranienweg
5 Nelkenplatz
6 Margeritenstr.
7 Narzissenweg
Privat-
Schloss
Gutsstr.
Ostuferweg
J.-Kees-Str.
St.-Barbara-Ring
Am Gem.-A.
Dorf-str.
Koburger
Schmiede-
Mittel-
Zöbiger-
ZÖBIGKER
(zu Markkleeberg)
Cospudener-
R.-Meitzner-
Hafen-
Berg-str.
Segel-u. Freizeithfn.
110
Flieder-
Wiesen-W.
Holunder-weg
Kinderdorfstr.
Caritas
Lind.-W.
Müller-
Nachtigallen-weg
Eulenst.
Krähen
65
107
108
9

L.-Connewitz
Freizeitzentr. am Mühlholz
Raschwitzer Brücke
RB 130
S2
Mühlpleiße
Abfallwasser
Liechtensteinstr.
Rembrandtpl.
Bornaische Str.
Lößnig
(zu Leipzig)
Altenpflegeheim "Am Silbersee"
Erholungspark
Hans-Marchwitza-Str.
108
Siegfr.-platz
Rundling
Lößnig-Dölitz
10
16
Fachsch. f. Bauwesen
Südkampfbahn
1 Im Limburgerpark
Tennisplatz
Internat des Studentenwerkes
Hochschule
Gorbitzer Str.
Schacht
Kleingärten
Dölitz-Dösen
(zu Leipzig)
Markkleeberg-W. L-Lößnig
Goethesteig
Matzel-S.
Dölitzer Str.
Floraweg
Bürgerstr.
Friedh. L.-Dölitz
Museum Torhaus Dölitz
Spreewaldschänke
agra-Park
Center of Chinese Art a. Culture
Weißes Haus
Wasserturm
Straßenbahndepot
agra-Veranstaltungsgelände
Halle 1
Eing. A
11E
Eigenheim-
Kleingärten
Pleißendamm
Zum agra-Wehr
Alt-Oetzsch Raths.
Rathausplatz
Mönchereistr.
Schulstr.
Gartenstr.
Rich.-Wagner-Str.
Rob.-Schumann-Str.
1 Beethovenstr.
2 Mozartstr.
3 Schlichtingstr.
Robert-Koch-S.
Museum Torhs. Markkleebg.
Kirch-allee
Auenplatz
108
Wüste Mark Colkw
Schillerplatz
11
Rilke-
M.-Ost
Wachauer Str.
S46
Seen-
Markkleeberg
Haupt-str.
Auenhainer
Bebauungsplan
Aussichtspunkt Markkleeberger See
Seepromenade
Markkleeberger See
Gross-Städteln
(zu Markkleeberg)
Freizeitzentr.
1 Am Pleißendamm
400 m

Egeln
Atzendorf
Förderstedt
Calbe
Breitenhagen
Biosphärenreser.
Mittlere Elbe
Steutz
ROSSLAU
Schneidlingen
Lödderitz
Patzetz
Neugattersleben
DESSAU-ROSSLAU
Hecklingen
Staßfurt
Nienburg
Aken
Wulfen
Osternienburg
DESSAU
MOSIGKAU
Winningen
Frose
Bernburg
Kleinpaschleben
Güsten
Aschersleben
Giersleben
Mehringen
Köthen
Quellendorf
Cörmigk
Deutsche Alleenstr.
Prosigk
Salzfurtkapelle
Quenstedt
Alsleben
Harkerode
Könnern
Radegast
Sandersleben
Gerbstedt
Löbejün
Zörbig
Hettstedt
Mansfeld
Friedeburg
Saale
Siersleben
Wettin
Ostrau
Petersberg
Polleben
Klostermansfeld
Schwittersdorf
Brachstedt
Halle-Tornau
Halle-Trotha
Landsberg
Andreas-K.
Lutherstadt Eisleben
Blankenheim
Salzmünde
Süßer See
NEUSTADT
Halle/Peißen
Riestedt
Halle-Neustadt
Bennstedt
Wiedemar
Galgen-B.
Aseleben
Halle-Ost
Rothenschirmbach
Röblingen am See
HALLE (SAALE)
Teutschenthal
Holleben
Gröbers
Sang.-Süd
Schraplau
Oberröblingen
Allstedt
Lutherstadt Eisleben
Bad Lauchstädt
Straße der Romanik
Querfurt
Dr.-Halle-Süd
Großkugel
Schafstädt
Schkopau
Schkeuditz
Wallendorf
Merseburg-Nord
Straße der Romanik
Langeneichstädt
Merseburg
Leuna
Bad Dürrenberg
Ziegelroda
Mücheln
Steigra
Roßleben
Nebra
Weinstr.
Unstrut
Gleina
Braunsbedra
Wiehe
Burgscheidungen
Memleben
Laucha
Buch-B.
Weißenfels
Lützen
Rippachtal
Großgörschen
Saubach
Freyburg
Lossa
Bachra
Bad Bibra
Monarchen-Hgl.
Pegau
Rastenberg
Naumburg
Prittitz
Hohenmölsen
Olbersleben
Bad Kösen
Buttstädt
Eckartsberga
Bad Sulza
Prießnitz
Teuchern
Rudelsburg
Naumburg
Buttelstedt
Osterfeld
Meineweh
Moritzburg
Zeitz
Wickerstedt
Camburg
Niederroßla
Schkölen
Heideland
Droyßig
Großobringen
Apolda
Wetzdorf
Wetterzeube
Schellbach
Weimar
Dornburg
Umpferstedt
Eisenberg
Isserstedt
Bad Köstritz
Pölzig
Mellingen
Bürgel
Klosterlausnitz
Bad Klosterlausnitz
Hermsdorf
Klassikerstraße
Jena
Schöngleina
Magdala
Bad Berka
Hermsdorfer Kreuz
GERA
Ronneburg
Gera-Leumnitz
Jena-Lobeda
Bucha
Blankenhain
Saara
Schorba
Jena-Göschwitz
Stadtroda
Hermsdorf-Süd
Kesslar
München-bernsdorf

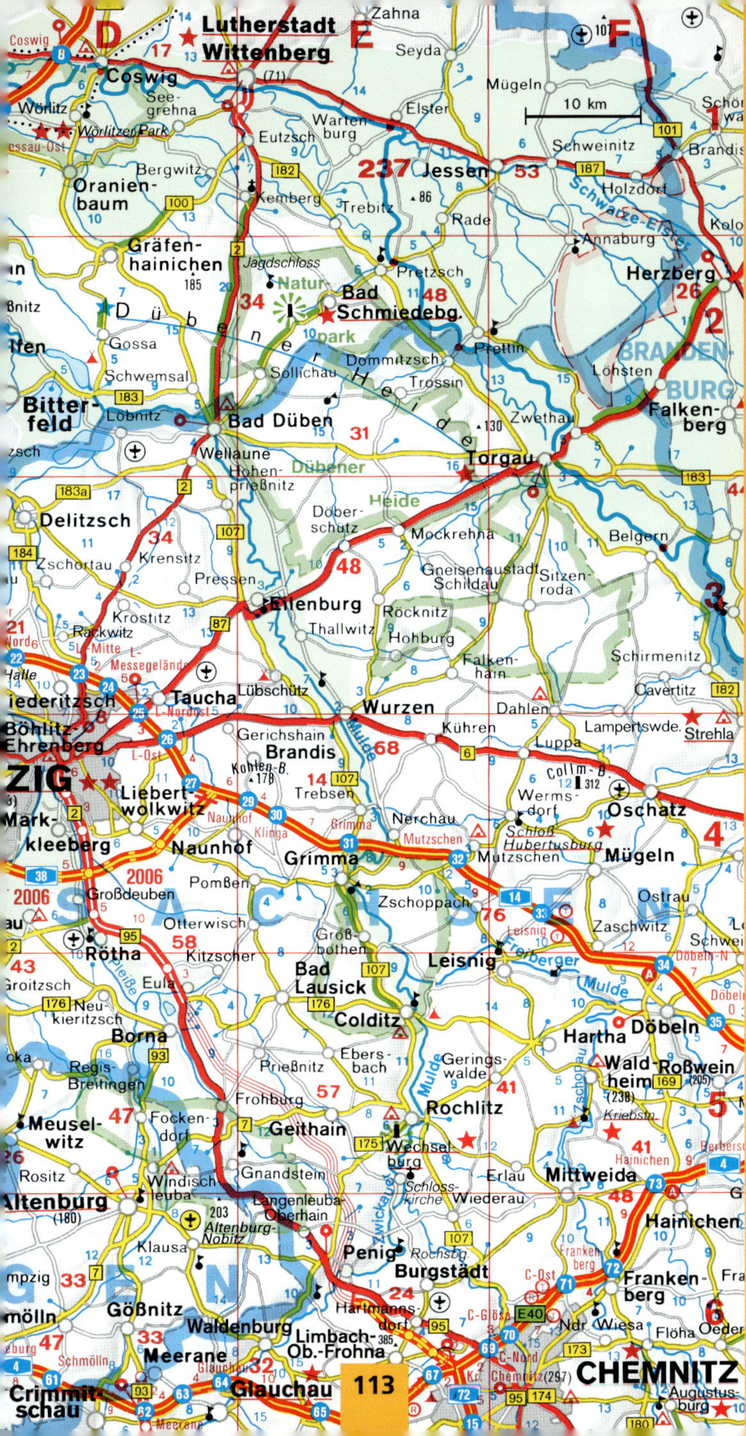
D
E
F
1
2
3
4
5
6
10 km
Lutherstadt Wittenberg
Zahna
Seyda
Coswig
Wörlitz
Wörlitzer Park
Seegrehna
Mügeln
Elster
Wartenburg
Eutzsch
Jessen
Schweinitz
Holzdorf
Brandis
Schwarze Elster
Oranienbaum
Bergwitz
Kemberg
Trebitz
Rade
Annaburg
Gräfenhainichen
Jagdschloss
Naturpark
Dübener Heide
Bad Schmiedebg.
Pretzsch
Herzberg
Prettin
Gossa
Schwemsal
Dommitzsch
Söllichau
Trossin
Lönsten
BRANDENBURG
Falkenberg
Bitterfeld
Löbnitz
Bad Düben
Zwethau
Torgau
Wellaune
Hohenprießnitz
Delitzsch
Döberschütz
Mockrehna
Belgern
Zschortau
Krensitz
Pressen
Gneisenaustadt Schildau
Sitzenroda
Eilenburg
Krostitz
Rackwitz
Thallwitz
Röcknitz
Hohburg
Falkenhain
Schirmenitz
L-Messegelände
Halle
Taucha
Lübschütz
Cavertitz
Wurzen
Dahlen
Lampertswde.
Strehla
Böhlitz-Ehrenberg
Gerichshain
Kühren
Luppa
Brandis
Mulde
Kohlen-B.
Collm-B.
Oschatz
Trebsen
Wermsdorf
Liebertwolkwitz
Nerchau
Schloß Hubertusburg
Markkleeberg
Naunhof
Klinga
Grimma
Mutzschen
Mügeln
Pomßen
Großdeuben
Zschoppach
Ostrau
Otterwisch
Leisnig
Zaschwitz
Rötha
Kitzscher
Großbothen
Freiberger Mulde
Döbeln
Bad Lausick
Groitzsch
Eula
Neukieritzsch
Colditz
Hartha
Borna
Prießnitz
Ebersbach
Geringswalde
Waldheim
Roßwein
Regis-Breitingen
Frohburg
Rochlitz
Kriebstn.
Meuselwitz
Fockendorf
Geithain
Wechselburg
Hainichen
Rositz
Windischleuba
Gnandstein
Erlau
Mittweida
Altenburg
Langenleuba-Oberhain
Schloss-kirche
Wiederau
Altenburg-Nobitz
Klausa
Penig
Rochsbg.
Zwickauer Mulde
Burgstädt
Frankenberg
Gößnitz
Hartmannsdorf
Waldenburg
Limbach-Ob.-Frohna
Ndr.-Wiesa
Flöha
Schmölln
Meerane
Glauchau
CHEMNITZ
Crimmitschau
Augustusburg
Oederan
Zschopau
SACHSEN

Das Register enthält eine Auswahl der im Cityatlas dargestellten Straßen und Plätze

MARCO POLO

www.marcopolo.de

Für Ihre nächste Reise gibt es folgende Titel:

Deutschland Allgäu • Amrum/Föhr • Bayerischer Wald • Berlin • Bodensee • Chiemgau/Berchtesgadener Land • Dresden/Sächsische Schweiz • Düsseldorf • Eifel • Erzgebirge/Vogtland • Franken Frankfurt • Hamburg • Harz • Heidelberg • Köln • Lausitz/Spreewald/Zittauer Gebirge • Leipzig • Lüneburger Heide/Wendland • Mark Brandenburg • Mecklenburgische Seenplatte • Mosel • München • Nordseeküste Schleswig-Holstein • Oberbayern • Ostfriesische Inseln • Ostfriesland Nordseeküste Niedersachsen • Ostseeküste Mecklenburg-Vorpommern • Ostseeküste Schleswig-Holstein • Pfalz • Potsdam Rheingau/Wiesbaden • Rügen/Hiddensee/Stralsund • Ruhrgebiet • Schwäbische Alb • Schwarzwald Stuttgart • Sylt • Thüringen • Usedom • Weimar **Österreich/Schweiz** Berner Oberland/Bern Kärnten • Österreich • Salzburger Land • Schweiz • Tessin • Tirol • Wien • Zürich **Frankreich** Bretagne Burgund • Côte d'Azur • Disneyland Paris • Elsass • Frankreich • Französische Atlantikküste • Korsika Languedoc-Roussillon • Loire-Tal • Normandie • Paris • Provence **Italien/Malta** Apulien • Capri Dolomiten • Elba/Toskanischer Archipel • Emilia-Romagna • Florenz • Gardasee • Golf von Neapel • Ischia Italien • Italienische Adria • Italien Nord • Italien Süd • Kalabrien • Ligurien • Mailand/Lombardei • Malta Oberitalienische Seen • Piemont/Turin • Rom • Sardinien • Sizilien/Liparische Inseln • Südtirol • Toskana Umbrien • Venedig • Venetien/Friaul **Spanien/Portugal** Algarve • Andalusien • Barcelona Costa Blanca • Costa Brava • Costa del Sol/Granada • Fuerteventura • Gran Canaria • Ibiza/Formentera Jakobsweg/Spanien • La Gomera/El Hierro • Lanzarote • La Palma • Lissabon • Madeira • Madrid • Mallorca Menorca • Portugal • Spanien • Teneriffa **Nordeuropa** Bornholm • Dänemark • Finnland • Island Kopenhagen • Norwegen • Schweden • Südschweden/Stockholm **Westeuropa/Benelux** Amsterdam • Brüssel • England • Flandern • Irland • Kanalinseln • London • Luxemburg • Niederlande Niederländische Küste • Schottland • Südengland **Osteuropa** Baltikum • Budapest • Estland Kaliningrader Gebiet • Lettland • Litauen/Kurische Nehrung • Masurische Seen • Moskau • Plattensee Polen • Polnische Ostseeküste/Danzig • Prag • Riesengebirge • Rumänien • Russland • Slowakei St. Petersburg • Tschechien • Ungarn **Südosteuropa** Bulgarien • Bulgarische Schwarzmeerküste • Kroatische Küste/Dalmatien • Kroatische Küste/Istrien/Kvarner • Montenegro • Slowenien **Griechenland/Türkei** Athen • Chalkidiki • Griechenland Festland • Griechische Inseln/Ägäis Istanbul • Korfu • Kos • Kreta • Peloponnes • Rhodos • Samos • Santorin • Türkei • Türkische Südküste Türkische Westküste • Zakinthos • Zypern **Nordamerika** Alaska • Chicago und die Großen Seen Florida • Hawaii • Kalifornien • Kanada • Kanada Ost • Kanada West • Las Vegas • Los Angeles • New York San Francisco • USA • USA Neuengland/Long Island • USA Ost • USA Südstaaten • USA Südwest • USA West • Washington D.C. **Mittel- und Südamerika** Argentinien • Brasilien • Chile • Costa Rica • Dominikanische Republik • Jamaika • Karibik/Große Antillen • Karibik/Kleine Antillen • Kuba Mexiko • Peru/Bolivien • Venezuela • Yucatán **Afrika/Vorderer Orient** Ägypten • Djerba/Südtunesien • Dubai/Vereinigte Arabische Emirate • Israel • Jemen • Jerusalem • Jordanien • Kapstadt/Wine Lands/Garden-Route • Kenia • Marokko • Namibia • Qatar/Bahrain/Kuwait • Rotes Meer/Sinai Südafrika • Syrien • Tunesien **Asien** Bali/Lombok • Bangkok • China • Hongkong/Macau • Indien Japan • Ko Samui/Ko Phangan • Malaysia • Nepal • Peking • Philippinen • Phuket • Rajasthan • Shanghai • Singapur • Sri Lanka • Thailand • Tokio • Vietnam **Indischer Ozean/Pazifik** Australien • Malediven • Mauritius • Neuseeland • Seychellen • Südsee

Cityguides Berlin für Berliner • Frankfurt für Frankfurter • Hamburg für Hamburger • München für Münchner • Stuttgart für Stuttgarter **Sprachführer** Arabisch • Englisch • Französisch • Griechisch • Italienisch • Kroatisch • Niederländisch • Norwegisch • Polnisch • Portugiesisch • Russisch Schwedisch • Spanisch • Tschechisch • Türkisch • Ungarisch

In diesem Register finden Sie alle in diesem Band erwähnten Sehenswürdigkeiten, Museen und Ausflugsziele sowie wichtige Stichworte und Namen. Halbfette Seitenzahlen verweisen auf den Haupteintrag, kursive auf ein Foto.

Schreiben Sie uns!

Liebe Leserin, lieber Leser,

wir setzen alles daran, Ihnen möglichst aktuelle Informationen mit auf die Reise zu geben. Dennoch schleichen sich manchmal Fehler ein – trotz gründlicher Recherche unserer Autoren/innen. Sie haben sicherlich Verständnis, dass der Verlag dafür keine Haftung übernehmen kann. Wir freuen uns aber, wenn Sie uns schreiben.

Senden Sie Ihre Post an die MARCO POLO Redaktion,
MAIRDUMONT, Postfach 31 51, 73751 Ostfildern,
info@marcopolo.de

Impressum

Titelbild: Mendebrunnen und Opernhaus (Fotex: Tschanz-Hofmann)
Fotos: Bilderberg: Kirchgessner (20); W. Dieterich (U l., U M., 1, 5 r., 6, 9, 12, 18, 19, 23, 24, 27, 35, 46, 47, 48, 58, 60, 66, 74, 77, 84); Feldhoff&Martin (2 o., 14, 25); Fotex: Tschanz-Hofmann (97); R. Freyer (28, 31, 73, 85); Hotel Fürstenhof Kempinski (64); HB Verlag: Schulz (5 l., 7, 11, 17, 37, 38, 45, 86, 89, 90); F. Ihlow (2 u., 36); H. Lange (4, 8, 16); Schuster: Rangnow (56); O. Stadler (50, 72); transit: Jennichen (54), Hirth (U r., 69, 80, 92), Pollex (33, 82);

4. (9.), aktualisierte Auflage 2006 © MAIRDUMONT, Ostfildern
Herausgeber: Ferdinand Ranft, Chefredakteurin: Marion Zorn
Redaktion: Jochen Schürmann, Bildredakteurin: Gabriele Forst
Kartografie Cityatlas: © Falk Verlag, Ostfildern
Vermarktung: MAIRDUMONT MEDIA, media@mairdumont.com
Gestaltung: red.sign, Stuttgart

Printed in Germany. Gedruckt auf 100% chlorfrei gebleichtem Papier

Bloß nicht!

Ein paar Tipps, die Ihnen helfen, Verdruss zu vermeiden

Ohne Ticket in die Bahn steigen

Steigen Sie nie ganz spontan und ohne gültiges Ticket in die nächste Straßenbahn. Beim Fahrer gibt es nur teure Einzelfahrscheine, und die meisten Automaten in den LVB-Wagen funktionieren nur mit Geldchip. Wer ohne Ticket dasteht, hat schlechte Karten. Das Motto der LVB-Kontrolleure: »Für 40 Euro hören wir uns gern die originellste Ausrede an.« Nutzen Sie lieber die Automaten an vielen der Haltestellen.

In Leipzig Auto fahren

Lassen Sie Ihren Wagen lieber stehen. Obwohl sich Leipzigs Straßen durch Großzügigkeit auszeichnen, stellen ortsunkundige Fahrer immer wieder Verkehrshindernisse dar, denn beim Autofahren in Leipzig steckt der Teufel im Detail, oder besser gesagt im Großen und Ganzen. Leipzig ist nach wie vor eine Stadt im Umbruch. Mit Großbaustellen, Vollsperrungen und weiträumigen Umleitungen ist jederzeit zu rechnen. Da kann man schon mal den Faden und die Geduld verlieren ... Auch sollten Sie Ihr Auto nicht am nächst besten Platz abstellen. Die Leipziger Politessen sind auf Zack und 15 Euro Bußgeld schnell auferlegt. Günstiger steht Ihr Auto in den vielen Parkhäusern in der Innenstadt. Ist das eigene Auto jedoch unverzichtbar, sei vor der energischen Fahrweise der Sachsen gewarnt. Wer zaghaft oder gar zimperlich unterwegs ist, kann da leicht das Nachsehen haben.

Unter Zeitdruck ins Café

Vor dem Theater noch schnell ins Café, und gern auch eine Kleinigkeit essen ... Das endet in mit Magendrücken! Denn so wunderbar man in Leipzig ausgehen kann, mit der Bedienung geht es oft sächsisch gemütlich voran. Besonders, wenn plötzlich das schöne Wetter alle nach draußen lockt, können sich viele Lokale nicht so schnell auf den Ansturm einstellen. Wenn das Essen dann kommt, ist man meist reichlich entschädigt. Aber lieber Zeit mitbringen, als mit Bauchweh gehen.

Sächseln wollen

Nein, bitte nicht. Versuchen Sie es gar nicht erst. Es geht wirklich nicht. Und Sie machen sich entweder lächerlich oder unbeliebt. Sächseln ist nun mal nicht erlernbar, und selbst Wahl-Sachsen stellen nach jahrzehntelangem Aufenthalt vor Ort fest: »Sächsisch muss man mit der Muttermilch eingesogen haben.« Quälen Sie Ihre Zunge und die Ohren Ihrer Zuhörer nicht unnötig: Keiner ironisiert die Mundart so wunderbar, wie die Leipziger selbst in ihren Kabaretts.